Juegos en la Educación Física

Jorge Soto Toro, José Ignacio Sumelzo Liso, José Luis Campaña Torres, Manuel Benjamín Suarez, Carlos Velázquez Callado, Laura Sanjuán García, Miguel Ángel Cebrián, , Miguel Hernández Montejo, Pilar Cachadiña Casco Mª de los Angeles Iañez López, Tomás Martínez Piedra, Alfonso Piqueras Roldán, Dyana Caro García, José Antonio Soriano Llorca, Mª Teresa Iañez López, Juan Ortí Ferreres, Emma Aceituno Muñoz, Juan Pablo Morillo Baro, David Rivas Ladrón, Javier Fernández-Río, David González González, Alejandro Muñoz Moreno, Conchi Alonso González, Alfonso Ortega Carmona, Gabriel Enrique Gómez Carrillo, Mª Esther Vargas Ibáñez,

Pila Teleña

Director editorial:
Marco Pila

Ilustraciones:
Patricia Garrido
Juan Magaz

Maquetación:
Juan Magaz

© Pila Teleña
Apartado nº 31 - 28430 Alpedrete (Madrid)
Telf: 609 25 20 82
e-mail: pilatelena@pilatelena.com

ISBN: 84-95353-66-0
Depósito legal: M-41204-2004
Impreso en España
Reservados todos los derechos.

Reservados todos los derechos. Quedan rigurosamente prohibidas, sin el permiso escrito de los titulares del copyright, la reproducción o la transmisión total o parcial de esta obra por cualquier procedimiento mecánico o electrónico, incluyendo la reprografía y el tratamiento informático, y la distribución de ejemplares mediante alquiler o préstamo públicos.

Juegos en la Educación Física

Jorge Soto Toro, José Ignacio Sumelzo Liso, José Luis Campaña Torres,
Manuel Benjamín Suarez, Carlos Velázquez Callado, Laura Sanjuán García,
Miguel Ángel Cebrián, , Miguel Hernández Montejo, Pilar Cachadiña Casco
Mª de los Angeles Iañez López, Tomás Martínez Piedra, Alfonso Piqueras Roldán,
Dyana Caro García, José Antonio Soriano Llorca, Mª Teresa Iañez López,
Juan Ortí Ferreres, Emma Aceituno Muñoz, Juan Pablo Morillo Baro,
David Rivas Ladrón, Javier Fernández-Río, David González González,
Alejandro Muñoz Moreno, Conchi Alonso González, Alfonso Ortega Carmona,
Gabriel Enrique Gómez Carrillo, Mª Esther Vargas Ibáñez,

Dícenme.

Miguel de Cervantes Saavedra y en 1605 di a la imprenta cierto librillo que granjeóme larga fama y escasa fortuna.

El primer año víose el fruto de mi ingenio aventado en cinco ediciones más ladronas que caco, las cuales causaron no pocos disgustos a mi honra y no menos quebrantos a mi diezmada hacienda.

No se usaban entonces, como agora se usan derechos de propiedad intelectual.

Miguel de Cervantes Saavedra

Moraleja: No piratees

Índice

1. Juegos de Percepción Espacial

- Mas que 4 esquinas 9
- Aura 10
- Paseo del aro 11
- La liebre y el zorro 12
- Kamesi ne mpuku 13
- Colores 14
- El mono y el oso 15
- El águila y los pollos 16
- El correcaminos 17
- Los gusanos 18
- Combate naval 19
- Nombre de pokemon 20
- Voley-cabeza 21
- Baile de las sillas 22
- Pichi 23
- Ping pong manual 24
- Las chapas 25
- Balon cesta 26
- Rondo indiaco 27
- Las 4 esquinas por equipos 28
- La superaraña 29
- Fútbol sin balón 30
- Hacemos letras/ 31
- Canario sin jaula 32
- Cambio de aro 33
- La araña peluda 34
- Representa figuras 35
- Tren ciego 36
- Abuelito que hora es 37
- Los escolares yla red 38
- El juego del equilibrio 39
- Polis y cacos 40
- Júntate conmigo 41
- Circuito de monopatín 42
- Pescar al pez 43
- El comecocos 44

2. Juegos de Percepción de Equilibrio

- Agiyé 45
- Sillas musicales coop 46
- Orden en la sillas 47
- Figuras 48
- La rueda 49
- Fútbol a la par 50
- La botella borracha 51
- Relevos a dos pies 52
- A través del aro 53
- Sin caerse del tronco 54
- Sogatira 55
- Lucha de caballos 56
- Los gladiadores 57
- Confianza ciega 58
- Pilla pilla por las lineas 59

3. Juegos de Percepción Rítmica

- Copia mi ritmo 60
- El director de orquesta 61
- La serpiente 62
- Baile de balones 63
- La orquesta 64
- Contacto con tacto 65
- Muestro-demuestro 66
- A bsucar pareja 67
- Te he visto 68
- El eco del mimo 69
- Construir 70
- Corriendo 71
- Cocacola naranja 72
- Los aros musicales 73

4. Juegos de Percepción Sensorial

- Los animales 74
- Simón dice 75

El principe la princesa y el monstruo 76
Los nudos 77
Abejorro 78
Gorigori 79
La corriente eléctrica 80
Mi burrito 81
El director de orquesta 82
El lazarrillo 83
El airbag 84
Sigue a la madre 85
La escena 86
La risa 87
Mi pareja o Los animales 88
Dónde estás? 89
El maniquí 90
El tunel ciego 91
Corros y abrazos 92
San Juan San Pedro 93
El pero y los gatos 94
La sopa de números 95
El cangrejo 96

5. Habilidades Perceptivas
Letras y palabras 97
El lazo 98
Los aparatos 99
El diccionario 100
La mancha contagiosa 101

6. Habilidades de Lanzamientos
Pelota sentada 102
La bolera 103
A los tutes 104
Bomba 105
Chinlon 106
Seba Tizra 107
Pillma 108
La porte 109
Globo arriba 110
La isla 111
Alejar el platillo 112
Choquichoques 113
Encestes 114
El huracán 115

Manteo de objetos 116
El barco 117
De cesta a cesta 118
Las piernas porteria 119
La paloma y las torres 120
Defensa de mi espacio 121
Supervivencia 122
Esquivar el balon 123
La caza del balon 124
Quitar balones 125
El que más se acerca 126
La pelota más rápida 127
Los veinte puntos 128
Golpea tú 129
Bombardeo de la torre 130
Diez pases 131
Defender la mascota 132
El bombardeo 133
Los cazadores 134
El mate 135
El cementerio 136
Indiaca al aire 137
Pelotas fuera! 138
Pasa rápido 139
Apunten... ¡fuego! 140
Derriba los bolos 141
La caza del pato 142
Pelotas al aire 143
Los diez pases 144
My God 145
Canast-voley 146
Asalto a la línea 147
Canastas bajas 148
Balón base 149
Balón bolo 151

7. Habilidades de Saltos
Palo a la luz 153
Paseo por el lago encantado 154
La liebre y el perro 155
Cebras monos pece 156
Saltar el río 157
El canguro 158
Carrera de periódicos 159

8. Habilidades de Desplazamientos

Jefe indio 160
El semáforo 161
Gatos y perros 162
Toco y no me tocan 163
Quitar la cola al zorro...............164
La marioneta 165
La bombilla...............................166
Banda de dos 167
Tula con salvación 168
La rueda 169
Las estatuas.............................170
El reloj 171
Caballeria 172
Candela 173
Pilla letras.................................174
Aquí jugamos todos 175
Alla frutta 178
Atrapa la piedra 179
Babog-banog 180
Agawan base 181
Tom Tiddler's ground 182
Come-cocos 183
Relevos con aros 184
Conos-cesto 185
El filtro 186
Carrera de gusanos 187
Manos y pies 188
La varita 189
La marioneta 190
Las islas 191
La carrera extravagante 192
A fichar 193
Relevos culiculi.........................194
Atrapa la cola del zorro 195
La bandera2 196
Manos unidas...........................197
Estatuas 198
La muralla................................199
Los eslabones de la cadena 200
Las banderas 201
Hasta donde llegamos juntos....202

9. Condiciones Físicas de Fuerza

Fútbol cuadropedia...................203
Cak-ka-yer 204
La escolta de la dama..............205
Futbolín 206
El encuentro 207
El gusano escurridizo...............208
Quién llega gana 209
Los transportistas 210
La fortaleza..............................211
El unisalto................................212
El pulso de la oruga 213
Sogatria humana 214
El paso 215
Lucha de carretillas 216

10. Condiciones Físicas de Reacción

El raton y el gato 217
Guerra de panderos 218
Bombilla 219
Mata 220
A cruzar el río..........................221
Busca grupo 222
Busco pareja 223

11. Condiciones Físicas de Resistencia

Carrera de cuádrigas 224
La serpiente corredora.............225

12. Condiciones Físicas de Velocidad

La bandera 226
Griegos y romanos...................227
Las fuerzas..............................228
Juego del relevo con 229
Relevos de chaqueta 230
Rodea y pilla 231
Que te piso..............................232
Balón tiempo 233
El intercambio.........................234
Balón exacto............................235

Juegos de percepción espacial

Más que cuatro esquinas

Tipo de Juego: Percepción espacial

Edad recomendada: De 9 a 12 años.

Objetivos: Desarrollar la estructuración exterior espacial en situaciones de percepción, decisión y ejecución variables.

Contenidos:
  Conceptuales: Nociones topológicas básicas: delante-detrás, dentro-fuera y derecha-izquierda. Las relaciones espacio-temporales: sentido, dirección, duración y velocidad.
  Procedimentales: Adaptación de su desplazamiento al de otros compañeros (duración, velocidad y dirección variables). Variación de la intensidad y frecuencia del movimiento en función de los compañeros.
  Actitudinales: Aumentar la seguridad y confianza en uno mismo teniendo mayor expectativa de éxito.

Dificultad: Media.   **Intensidad:** Media.   **Nº de jugadores:** 5.

Material: Aros.

Espacio: Delimitado, formando un cuadrado con cuatro aros.

Descripción del juego: El juego comienza con un niño-a en el centro del cuadrado y el resto dentro de sus respectivos aros. Continua, cuando los jugadores van cambiando de esquina en el momento que desean. Acaba, si el jugador del centro consigue ocupar una esquina, y el que queda libre pasa al centro. Y así, sucesivamente.

Reglas: Los jugadores cambian de esquina cuando lo desean. Se permite establecer alianzas entre ellos para cambiar de esquina, pudiendo "engañar". No se permite volver al aro del que se sale.

Variantes: Utilizar más de cuatro aros.

Observaciones: Al principio si observamos que no van cambiando voluntariamente es aconsejable obligarles a cambiar a una señal determinada. Esto suele ocurrir en las edades más tempranas.

Juegos de percepción espacial

Aura

Tipo de Juego: Percepción espacial.

Objetivo: Saber orientarse en el espacio con relación a sí mismo y a los demás.

Contenidos:
  Conceptuales: Las relaciones espaciales: sentido-orientación. Las relaciones temporales: duración - velocidad.
  Procedimentales: Adaptación de su movimiento al de otros compañeros. Implicación del uso de la noción de distancia de una persona con respecto a uno mismo.
  Actitudinales: Confianza en uno mismo y en el movimiento del otro, aumentando su independencia.

Dificultad: Media.   **Intensidad:** Baja.   **Nº de jugadores:** 2

Material: Sin material. **Espacio:** Distribuidos libremente por parejas.

Descripción del juego:

El juego comienza situados dos niños-as de pie, uno enfrente de otro, con los ojos cerrados y juntando las palmas de las manos con las del compañero. Continua, soltándose y girando una vez sobre sí mismos. Acaba, cuando tras girar se intenta encontrar y coincidir con las palmas de las manos del compañero, o sea, como se ha empezado.

Variantes: Sentados. Aumentar el número de niños: 3,4,5.... Girar dos veces.

Observaciones: Su duración debe ser corta (2 o 3 minutos) para no marearse.

Juegos de percepción espacial

Paseo del aro

Tipo de Juego: Percepción del cuerpo.

Edad recomendada: De 8 a 10 años.

Objetivo: Descubrir y tomar conciencia de la movilidad del eje corporal. .

Contenidos:
   Conceptuales: El esquema corporal: global y segmentario. La actitud postural.
   Procedimentales: Percepción de la movilidad del eje corporal en diferentes posturas. Implicación de la movilización de todas las articulaciones. Disociación de movimientos entre los miembros inferiores y superiores, en diferentes posturas y acciones.
   Actitudinales: Toma de conciencia de las posibilidades y limitaciones de los movimientos articulares.

Dificultad: Alta.   **Intensidad:** Baja   **Nº de jugadores:** 5 ó 6 jugadores.

Material: Aros grandes y medianos.

Espacio: Distribuidos libremente por grupos de 5 ó 6.

Descripción del juego:

 El juego comienza colocados por grupos, cogidos de la mano y con un aro entre los brazos de dos jugadores.Continua intentando hacer pasar el aro de un jugador a otro, introduciéndose dentro. Acaba, en el instante que el aro llega hasta el jugador del que ha partido.

Reglas: No se permite soltarse de las manos.

Variantes:

 El juego puede dejar de ser puramente cooperativo y convertirse en competitivo si se les plantea ¿Quién es el primer grupo que realiza antes el "paseo"?.

Observaciones:

 La dificultad variara con el tamaño del aro, por lo que es recomendable empezar con aros grandes e ir posteriormente empleando aros más pequeños.

Juegos de percepción espacial

La liebre y el zorro

Tipo de juego: Habilidades y destrezas básicas. Desplazamientos.

Edad recomendada: 6-12 años.

Objetivo: Consolidar las formas básicas de desplazamiento.

Contenidos:
  Conceptuales: Cooperación. Velocidad. Orientación. Desplazamientos.
  Procedimentales: Mejora y afianzamiento de la lateralidad. Fomento y mejora de la velocidad de reacción.
  Actitudinales: Valoración de nuestras propias posibilidades y limitaciones en determinados juegos.

Dificultad: Baja.   **Intensidad:** Media.   **Nº de jugadores:** Los que se quiera.

Material: Sin material.   **Espacio:** Reducido.

Descripción del juego:

Se la quedan dos jugadores. Uno hace de zorro y el otro de liebre. El resto de jugadores forman un círculo. El zorro debe pillar a la liebre dando vueltas alrededor del círculo. Cuando el zorro o la liebre se encuentren cansados, pueden dar una palmada a cualquier jugador para que les releve y ellos ocupan su lugar. Si el zorro pilla a la liebre, se intercambian los papeles. La persecución se realiza en la parte exterior del círculo. Para que la liebre sea capturada, vale con tocarla.

Variantes: Realizar la persecución dentro del círculo.

Observaciones: Advertir que hay que pasar pronto la vez a otros compañeros para que participen el mayor número.

Juegos de percepción espacial

Kamesi ne mpuku (Etnia Luba- Congo)

Tipo de Juego: Habilidades perceptivas: percepción espacial, lateralidad. Habilidades y destrezas básicas: desplazamientos. Cualidades físicas: velocidad, tiempo de reacción.

Edad recomendada: A partir de los 10 años.

Objetivo: Afirmar la lateralidad. Mejorar la velocidad en desplazamientos.

Contenidos:

Conceptuales: Conocimiento de la forma de juego en otras culturas. Izquierda y derecha en su propio cuerpo.

Procedimentales: Reacción a estímulos externos. Velocidad de reacción. Coordinación de los movimientos con los del grupo.

Actitudinales: Respeto a las normas del juego. Aceptación del rol que le corresponda. Valoración de las manifestaciones culturales jugadas en otros pueblos.

Dificultad: Media.   **Intensidad:** Media.   **Nº de jugadores:** A partir de 18.

Material: Ninguno.   **Espacio:** Cualquiera libre de obstáculos.

Descripción del juego:

Todos los jugadores se colocan formando varias hileras, de pie y con los brazos extendidos, de forma que las manos de uno toquen las manos de los jugadores que tiene a sus lados, estos jugadores representan un bosque de árboles. Un jugador hace de león y persigue a otro que hace de antílope. El antílope corre entre los árboles perseguido por el león. Si un jugador, designado previamente entre los que hace de árbol, grita "¡Viento!" todos los árboles giran 90º y vuelven a extender sus brazos, dificultando así la labor del león.

Cuando el león atrapa al antílope, el antílope hace de león y el león anterior escoge a un compañero para que haga de antílope.

Variantes: Variar la forma de forma de desplazamiento del león y el antílope. Cuando el león atrapa al antílope, todos deben huir ya que el león tratará de atrapar a una segunda persona para que sea el antílope en el siguiente juego.

Observaciones:

Juegos de percepción espacial

Colores

Tipo de Juego: Habilidades perceptivas: Percepción espacial. Habilidades y destrezas básicas: desplazamientos. Cualidades físicas: velocidad.

Edad recomendada: A partir de los 6 años.

Objetivo: Mejorar la coordinación dinámica general y la percepción espacial y temporal.

Contenidos:
  Conceptuales: Habilidad específica de manejo del paracaídas.
  Procedimentales: Coordinación del movimiento a estímulos externos.
  Apreciación de distancias y de tiempos.
  Actitudinales: Respeto a las normas del juego. Cooperación entre miembros de grupos con papeles diferentes. Diversión sin recurrir a la competición.

Dificultad: Media.   **Intensidad:** Alta.   **Nº de jugadores:** Más de 16.

Material: La tela de un paracaídas.

Espacio: Cualquiera libre de obstáculos. En el caso de ser interior el techo debe estar a una altura suficiente.

Descripción del juego: Todo el grupo se sitúa alrededor del paracaídas, cada persona será un color: rojo, verde, amarillo o azul. El objetivo del juego es conseguir que varias personas intercambien sus posiciones alrededor del paracaídas cruzando por debajo de la tela del mismo. El profesor inicia el juego diciendo: "¡Uno, dos... (y uno de los cuatro colores)!". En ese instante el grupo infla el paracaídas y los participantes cuyo color coincide con el nombrado cambian de posición, cruzando por debajo de la tela del paracaídas, evitando que ésta les toque. El proceso se repite tantas veces como se desee.

Variantes: Nombrar dos o tres colores a la vez, todas las personas vinculadas al color nombrado cambian de sitio por debajo del paracaídas.
Nombrar dos colores de forma que los del primer color cambien de sitio por debajo del paracaídas y los del segundo lo hagan alrededor del mismo.
Otra posibilidad, para cualquiera de las propuestas anteriores, es que antes de efectuar el cambio de posición se deba pasar por debajo de las piernas de uno de los compañeros que sujetan el paracaídas, lo cual dificulta aún más la actividad.

Observaciones:

Juegos de percepción espacial

El mono y el oso

Tipo de Juego: Habilidades y destrezas básicas.
Edad recomendada: 8 - 9 años.
Objetivo: Desarrollar y consolidar la coordinación y percepción espacio temporal.
Contenidos: Desplazamientos. Carrera. Coordinación dinámica general.
Dificultad: Alta.   **Intensidad:** Media.   **Nº de jugadores:** 2 jugadores.
Material: Todos los aros disponibles
Espacio: Campo de baloncesto.
Descripción del juego: El oso está en un lado del campo de baloncesto (en el fondo) y el mono en el otro. El mono debe tratar de pasar al otro lado pisando sólo dentro de los aros y sin que el oso le atrape antes de llegar. Si uno de los dos pisa fuera de los aros pierde. Cambiar los papeles en el siguiente juego.
Variantes: En círculo. A saltos con los pies juntos. A la pata coja. Dos monos y un oso. Haciendo un camino determinado y que los deban seguir el mismo camino con una ventaja del mono y en la misma dirección. Haciendo slalom a través de conos.
Observaciones: Se puede hacer un campeonato entre toda la clase eliminando al que pierda. Se debe hacer pasar a cada uno por los dos papeles.

Juegos de percepción espacial

El águila y los pollos

Tipo de Juego: Habilidades perceptivas.

Edad recomendada: 7 - 8 años.

Objetivo: Desarrollo de la coordinación general y oculo- pie. Mejora de la relación espacio temporal.

Contenidos: Coordinación oculo-pie. Relaciones espacio-Temporales.

Dificultad: Alta-media-baja.   **Intensidad:** Alta-media-baja.   **Nº de jugadores:** 25.

Material: 2 aros menos que alumnos haya en el curso. 2 petos rojas.

Espacio: Campo de baloncesto.

Descripción del juego: Las águilas (petos rojos) están en el espacio fuera de los aros. Cada pollo está en su aro y a la señal del profesor debe salir y meterse en otro aro.

Las águilas intentarán coger en el trayecto a los pollos que quedan antes de que se metan en otro nido (aro). Cuando solo queden 2 la pagarán en el próximo juego.

Variantes: Todos deben de ir a saltos con los pies juntos. Todos deben ir a la pata coja. Jugamos por parejas de la mano.

Observaciones: Vigilar que no muevan los aros del suelo. Vigilar que todos cambien de aro cada vez.

Juegos de percepción espacial

El correcaminos

Tipo de Juego: Habilidades perceptivas.

Edad recomendada: 9 - 10 años.

Objetivo: Consolidar la coordinación y la percepción espacio temporal.

Contenidos: Percepción espacial. Equilibrio. Mejora de las distancias.

Dificultad: Media.   **Intensidad:** Alta.   **Nº de jugadores:** 25.

Material: 2 petos rojos y las líneas del campo.

Espacio: Todo el campo. (zona donde haya líneas pintadas).

Descripción del juego: Dos de los alumnos son los coyotes (llevan un peto rojo) y el resto son correcaminos que corren por las líneas pintadas en los campos de deporte.

Aquellos que son cogidos son eliminados, así como los que se salen de las líneas.

Cuando quedan dos se acaba el juego, son los ganadores y los coyotes del próximo juego.

Variantes: Añadir más coyotes. Jugar por parejas cogidos de la mano. Los que son cogidos se convierten en coyotes.

Observaciones: El profesor debe de estar muy atento a que vayan por las líneas.

Los alumnos eliminados se sientan junto al profesor.

Juegos de percepción espacial

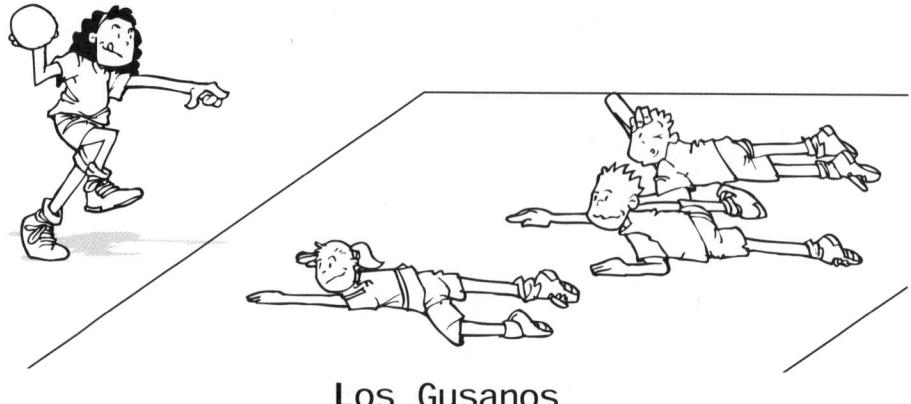

Los Gusanos

Tipo de Juego: Habilidades perceptivas (percepción espacial).
Edad recomendada: 7 - 8 años.
Objetivo: Desarrollo de la coordinación general.
Contenidos: Control de las distancias. Lanzamientos. Recepciones.
Dificultad: Media.   **Intensidad:** Media.   **Nº de jugadores:** 25.
Material: Balones de espuma.
Espacio: Balones pequeños. (Medio campo de voley).
Descripción del juego: Los alumnos puestos a un lado del gimnasio tienen que pasar al otro lado arrastrándose sin ser tocados por las pelotas que lanzan su compañero.
El primero que llegue será el próximo lanzador.
Variantes: Poner 2 lanzadores. Poner un lanzador y dos recuperadores que devuelvan las pelotas al lanzador. Gusanos en reptación con los pies por delante. os gusanos llevan un bloque de espuma en las manos que les sirven de protección.
Observaciones: El profesor debe de estar atento a que los gusanos no vayan en cuadrupedia. También deberá vigilar las pelotas perdidas en los rebotes.

Juegos de percepción espacial

Combate naval

Tipo de Juego: Habilidades perceptivo-motrices.

Edad recomendada: A partir de 7 años.

Objetivo: Potenciar la memoria visual y las representaciones mentales. Trabajar habilidades percivo-motrices. Desarrollar la representación espacial.

Contenidos: Nociones espaciales. Reconocimiento meta.

Dificultad: Alta.   **Intensidad:** Baja.   **Nº de jugadores:** Toda la clase.

Material: Ninguno.

Espacio: Gimnasio o similar.

Descripción del juego: Los participantes se dividirán en dos equipos uno se colocará distribuido por el campo haciendo la función de minas a punto de estallar.

El otro equipo se colocará en un extremo de la pista con los ojos cerrados y colocados en forma de tren. Únicamente la máquina podrá abrir los ojos durante 10 segundos para reconocer mentalmente donde están las minas e intentar luego no pasar por ahí.

Después cerrará los ojos y se marcará una trayectoria recordando la colocación de las minas. La finalidad del juego será lograr pasar al otro lado de la pista sin chocarse con las minas. Si no lo logran y se choca alguno de los componentes gana el equipo de las minas llevándose un punto.

Variantes: Solo podrá ir con los ojos abiertos el vagón de cola que será el quede instrucciones a todo el tren y sobre todo a la máquina.

Observaciones: Es un juego que servirá a los niños para reconocer el espacio de juego. Contribuye y potencia el trabajo en equipo.

Juegos de percepción espacial

Nombre de Pokemon

Tipo de Juego: Perceptivas: Equilibrio , coordinación y sobretodo percepción espacia.

Básicas: Fintas, desplazamientos, carrera , giros.

Cualidades físicas: Máxima velocidad, menor tiempo de reacción , mayor agilidad.

Edad recomendada: 8 y 9 años..

Objetivo : Conocer su cuerpo como medio de disfrute y exploración. Regular y dosificar el esfuerzo. Utilizar los recursos de movimiento de su cuerpo. Participar en juegos activamente. Utilizar sus destrezas motrices.

Contenidos :
   Conceptuales: Identificar los segmentos corporales y sus posibilidades. Conocer los ejes corporales y movimientos básicos. Conocimiento de los planos de orientación. Conocimiento de las posibilidades de movimiento de su cuerpo.
   Procedimentales: Interiorizar los distintos segmentos corporales. Experimentación de movimientos con su cuerpo. Experimentación de movimientos en situaciones diferentes.
   Actitudinales: Valoración de su realidad corporal. Respetar las normas del juego. Confianza en sí mismo. Valorar la realidad corporal de sus semejantes.

Dificultad: baja.   **Intensidad:** baja   **Nº de jugadores** Entre 7 y 10

Material: ninguno.

Espacio: Un terreno llano y no muy grande, por ejemplo un porche pequeño o bien un espacio de 10 metros X 10 metros, para que el juego sea más divertido y activo se necesita que el espacio donde se vaya a jugar sea más bien mínimo.

Descripción del juego:
El juego consiste en que un jugador tiene que alcanzar a los demás , se juega en un espacio reducido de dimensiones con el fin de dar mas emoción , agilidad y acción al juego.Tiene la particularidad de que cuando vas a alcanzar al contrario, si éste dice antes de que lo toquen, el nombre de un personaje de los dibujos animados de POKEMON, entonces está salvado, en caso contrario se queda él "pillando" , es decir tendrá que alcanzar a los demás, ahora bien hay que decir el nombre completo antes de que te alcancen y no se puede repetir el nombre de l personaje que hayan dicho inmediatamente antes, para lo cual el arbitro/a del juego actuará d en consecuencia.

Variantes: Se puede cambiar el nombre de los personajes que se dicen para salvarse por cualesquiera otros que previamente se hayan consensuado entre todos los participantes del juego. Pueden ser nombres de frutas, de colores, de jugadores etc...

Observaciones: Los valores que se tratan de potenciar con este juego son los siguientes: Respetar las normas y reglas . Comportarse correctamente. Respetar a los demás.
Saber ganar y sobretodo perder. Conseguir placer por jugar.-
Confianza en sí mismo.

Juegos de percepción espacial

Voley - Cabeza

Tipo de juego: Habilidades perceptivas: Percepción espacial y temporal. Habilidades y destrezas básicas: Golpeos con la cabeza.

Edad recomendada: A partir 12 años.

Objetivo: Desarrollar aspectos tácticos de los deportes colectivos de cancha dividida.

Contenidos:

Conceptuales: Pase, apoyo y espacio libre.

Procedimentales: Ejecución de golpeos con la cabeza y rodilla.

Actitudinales: Participación grupal, aceptación de la reglas.

Dificultad: Alta. **Intensidad:** Baja. **Nº de jugadores:** 2 equipos de 4 jugadores.

Material: una red colocada a 2,5 m. y una pelota de plástico o balón de fut voley.

Espacio: Terreno con unas dimensiones de 30 x 6 .

Descripción del juego: El juego consiste en pasar la pelota por encima de la red con el objetivo de enviarla al campo contrario para así sumar un punto. Tan solo se permite golpear la pelota con la cabeza o rodillas, estando permitida la realización de 5 pases entre los diferentes integrantes del equipo. También se permite al jugador efectuar dos toques consecutivos de la pelota.

Variantes:

Permitir 3 toques por equipo. Incrementar el espacio. No permitir dos toques consecutivos por jugador.

Observaciones:

Juegos de percepción espacial

Baile de las sillas

Tipo de juego: Habilidades perceptivas: Percepción espacial y ritmo.

Edad recomendada: a partir de 6 años.

Objetivo: Desarrollar la velocidad de reacción.

Contenidos:
 Procedimentales: Ejecución de movimientos, saltos, desplazamientos al ritmo de la música.
 Actitudinales: Desinhibición y respeto de las normas.

Dificultad: Media.   **Intensidad:** Media.   **Nº de jugadores:** 10 jugadores.

Material: Una silla menos que jugadores haya.

Espacio: Sin determinar.

Descripción del juego: Efectuamos desplazamientos bailando alrededor de las sillas. Cuando la música se detenga deberemos sentarnos en las mismas. Habrá un jugador que se quedará sin silla. Este jugador será el que marcará el ritmo y la forma de baile en la siguiente ronda.

Variantes: Eliminar al jugador y quitar una silla. El objetivo es conseguir ser el último.

Similar a la variante anterior pero ahora quitaremos una silla pero no eliminaremos al jugador.

Juegos de percepción espacial

Pichi

Tipo de juego: Habilidades perceptivas: Percepción espacial. Habilidades y destrezas básicas: Lanzamiento y recepción. Cualidades físicas: Velocidad.

Edad recomendada: A partir 8 años..

Objetivo: Desarrollar los aspectos tácticos de los juegos de bate y campo.

Contenidos:

Conceptuales: Aproximación al beisball (historia, reglas, etc.)

Procedimentales: Ejecución de golpeos con un bate

Actitudinales: Respeto por las normas, colaboración.

Dificultad: Media. **Intensidad:** Media. **Nº de jugadores:** A partir de 14 jugadores.

Material: un bate, una pelota de plástico, 7 aros.

Espacio: Polideportivo amplio.

Descripción del juego:

Dos equipos compiten por la consecución del mayor número de puntos posible. Para ello, el equipo bateador deberá sumar el mayor número de carreras posible, considerando una carrera el hecho de pasar por todas las bases y volver a la situación de partida. El jugador del equipo receptor enviará la pelota de plástico al bateador de forma que éste la batee, dentro de los límites del terreno de juego, donde no lleguen los jugadores del equipo receptor. Si no la atrapan comenzará a correr por las bases con el objetivo de conseguir la carrera, aunque deberá detenerse antes de que la bola llegue a la zona del pasador (jugador que ha efectuado el pase para el golpeo del rival). Para eliminar a los jugadores atacantes debemos:

Recibir la bola en la zona respectiva antes de que los corredores lleguen a una base.

Conseguir tres nulos del bateador. Se considera nulo cuando atrapamos la bola del bateador antes de que toque el suelo, la bola se va fuera del terreno de juego, o no consigue golpear la misma.

Cuando todos lo jugadores están eliminados, se efectúa un cambio de roles, siendo los atacantes defensores y viceversa.

Variantes:

Podemos variar el material con la finalidad de facilitar o dificultar los golpeos. Cuando mayor será el móvil a batear mayor facilidad para el bateador.

Observaciones:

Juegos de percepción espacial

Ping Pong Manual

Tipo de juego: Habilidades perceptivas: Percepción espacial. Habilidades y destrezas básicas: Lanzamiento y recepción. Cualidades físicas: Tiempo de reacción.

Edad recomendada: A partir de 12 años.

Objetivo: Desarrollar los aspectos tácticos de los juegos de cancha dividida.

Contenidos:
    Conceptuales: Reglas básicas de ping pong.
    Procedimentales: Ejecución de golpeos con la mano.
    Actitudinales: Respeto y aceptación de las normas.

Dificultad: Media.   **Intensidad:** Alta- media.

Nº de jugadores: 2 o 4 jugadores en función de la modalidad individual o colectiva.

Material: 1 pelota de tenis y un banco sueco

Espacio: Polideportivo.

Descripción del juego: El juego consiste en enviar la pelota con la mano al campo del equipo contrario, por encima del banco sueco, con el objetivo que no pueda efectuar la devolución de la misma. Tan solo se permite un bote habiendo de ser devuelta antes del segundo. Se permite golpear la pelota con la mano y con el pie, aunque tan solo un toque.

Variantes: Efectuar el mismo juego pero buscando la consecución del mayor número de pases entre los equipos, es decir, ping pong manual cooperativo.

Observaciones:

Juegos de percepción espacial

Las Chapas

Tipo de juego: Habilidades perceptivas: Percepción espacial. Habilidades y destrezas básicas: Golpeo.

Edad recomendada: A partir de 10 años.

Objetivo: Desarrollar la precisión oculo manual.

Contenidos:
   Procedimentales:
   Ejecución de golpeos con la mano.
   Actitudinales:
   Respeto a la normativa. Adecuación a la normativa creada por el propio grupo.

Dificultad: Media.   **Intensidad:** Baja.   **Nº de jugadores:** De 2 a 5 jugadores.

Material: 1 chapa por cada jugador.

Espacio: Un espacio con tierra para así poder marcar un circuito.

Descripción del juego: El juego consiste en llevar la chapa a la llegada antes que el resto de competidores. Para ello se sigue un turno de tiradas. Así, el primer jugador efectúa tres tiradas, posteriormente el segundo y así sucesivamente. Aquel que llegue con la chapa antes a la llegada será el ganador. Podemos crear obstáculos que hay que superar, puentes con maderitas que hay que cruzar por encima, etc. Con ello se busca que si el jugador cae en el río pierde las tiradas, un turno sin jugar, etc.

Juegos de percepción espacial

Balón cesta

Tipo de juego: Habilidades perceptivas: Percepción espacial. Habilidades y destrezas básicas: Lanzamiento y recepción, desplazamientos en cuadrupedia.

Edad recomendada: A partir de 12 años.

Objetivo: Conocer los aspectos tácticos de los juegos deportivos de cancha compartida.

Contenidos:
  Conceptuales
    Aspectos tácticos de los deportes colectivos: pase, desmarque, marcaje, etc.
  Procedimentales:
    Ejecución de pases, lanzamientos, recepciones...
  Actitudinales:
    Aceptación de las reglas y cooperación en el juego.

Dificultad: Media.   **Intensidad:** Media.   **Nº de jugadores:** Dos equipos de 7.

Material: Una pelota de goma espuma, dos bancos suecos y dos cestas.

Espacio: Una cancha de baloncesto.

Descripción del juego:

El juego consiste en introducir la pelota dentro de la cesta del equipo contrario que esta situada encima del banco sueco. Los desplazamientos se efectuarán en cuadrupedia. No está permitido efectuar desplazamientos reteniendo la pelota, aunque si que podemos progresar rodando la pelota por el suelo.

Juegos de percepción espacial

Rondo indíaco

Tipo de juego: Habilidades perceptivas: Percepción espacial. Habilidades y destrezas básicas: Golpeos y recepciones. Cualidades físicas: Tiempo de reacción, velocidad.

Edad recomendada: A partir de los 8 años.

Objetivo: Desarrollar la cooperación grupal.

Contenidos:
    Procedimentales:
        Ejecución de golpeos y lanzamientos con la indiaca
    Actitudinales:
        Aceptación de las reglas, respeto por los compañeros…

Dificultad: Media.   **Intensidad:** Media.   **Nº de jugadores:** Grupos de 6.

Material: 1 indiaca por grupo.

Espacio: Polideportivo.

Descripción del juego: El jugador colocado en el centro del grupo tratará de atrapar la indiaca. El resto de jugadores deben efectuar golpeos con el objetivo de que el jugador colocado en el centro no consiga atraparla. Cuando consiga atraparla el que ha efectuado el último golpeo se colocará en la zona central.

Variantes: Podemos variar el número de participantes y jugar a un 2 x 4, 1 x 4, etc.

Juegos de percepción espacial

Las 4 esquinas por equipos

Tipo de juego: Habilidades perceptivas: Percepción espacial.

Edad recomendada: De 6 a 12 años.

Objetivo: Desarrollar la percepción espacial a través de juegos cooperativos.

Contenidos:
    Conceptuales: Conocimiento y asimilación de conceptos como: velocidad, sentido, orientación, antes, después...
    Procedimentales: Adaptar el desplazamiento a las características y posibilidades de movimiento de todos los integrantes del grupo.
    Actitudinales: Cooperación y diálogo con todos los integrantes del grupo para obtener el objetivo último y pretendido.

Dificultad: Baja.   **Intensidad:** Baja.

Nº de jugadores: La clase debe estar divididaen 5 grupos independientemente del número de alumnos que formen cada grupo.

Material: Ninguno.

Espacio: Zona cuadrada señalada o pintada ya sea en la pista cubierta o al aire libre. Ejemplo: líneas que forman la mitad de la pista de fútbol-sala.

Descripción del juego: De los 5 grupos hechos se sitúan 1 en cada esquina y el 5º en el centro del cuadrado (todos los integrantes de cada grupo irán cogidos de la mano). El grupo que está en el centro dirá la frase "Uno, dos y tres". Después de esta frase cada grupo cogerá una esquina diferente y el que no coja esquina irá al centro del cuadrado y dirá nuevamente la frase anterior.

Variantes: Hacer un pentágono y 6 grupos, o un hexágono y 7 grupos. Este juego se puede hacer de forma individual.

Observaciones: Valorar y destacar el diálogo de los equipos a la hora de escoger una esquina.Se pueden poner capitanes en cada grupo y que estos capitanes sean personas de menor participación, protagonismo y de mayor timidez en la clase. Estas personas serían las encargas de decidir la esquina a la que se debe ir.

Juegos de percepción espacial

La superaraña

Tipo de juego: Habilidades perceptivas: Percepción espacial.

Edad recomendada: De 6 a 12 años.

Objetivo: Desarrollar la percepción espacial por medio de juegos en los que haya una relación de cooperación-oposición.

Contenidos:
   Conceptuales: Conocer e investigar diferentes estrategias para superar a la oposición. Conocer las reglas del juego.
   Procedimentales: Practicar las diferentes estrategias para superar a la/s pareja/s (arañas) opositoras.
   Actitudinales: Respeto a las posibilidades del sexo contrario y respeto a nuestros opositores.

Dificultad: Baja.   **Intensidad:** Baja-media.

Nº de jugadores: Toda la clase queda distribuida por parejas a ser posible chica-chico para trabajar de forma más directa la coeducación.

Material: Ninguno.

Espacio: Pista al aire libre o cubierta utilizando el largo de toda la misma.

Descripción del juego: La superaraña (1 pareja) se situará en la línea divisoria de la pista (si no hubiera se pinta o se señala). En esta línea que divide la pista en dos campos iguales es por donde se debe mover la superaraña (hacia la derecha e izquierda) e intentar tocar el máximo número de parejas que deberán de pasar hacia el otro lado de la pista. Las parejas tocadas se convierten en más superarañas que se situarán también en la línea central de la pista. El resto de las parejas deberán pasar tantas veces como sea necesario hasta que queden tan solo tres que serán las ganadoras.

Variantes: Se puede hacer de forma individual o cambiando la forma de desplazamiento.

Observaciones: Si alguna pareja se rompe o se separa se convierte automáticamente en araña. Ninguna de las parejas independientemente del papel o rol que desempeñen podrán separarse, no se permite a las arañas pillar a otras parejas si la araña (pareja) está dividida o rota. El maestro deberá estar atento a la línea central que es solamente donde pueden cazar a las parejas y donde también puede haber algún incumplimiento de las normas.

Juegos de percepción espacial

Fútbol sin balón

Tipo de juego: Habilidades perceptivas: Percepción espacial. Cualidades físicas básicas: Velocidad.

Edad recomendada: De 8 a 12 años.

Objetivo: Desarrollar la velocidad y la percepción espacial estableciendo relaciones cooperativas, coeducativas y de oposición.

Contenidos:
   Conceptuales: Conocer el desarrollo completo del juego.
   Procedimentales: Plantear y practicar las diferentes estrategias de equipo para conseguir el objetivo.
   Actitudinales: Confianza en el trabajo en equipo como forma de alcanzar el fin señalado.

Dificultad: Alta.   **Intensidad:** Media.   **Nº de jugadores:** Clase en 2 grupos.

Material: Pista de fútbol-sala con porterías o hechas por nosotros mismos.

Espacio: Pista al aire libre o cubierta.

Descripción del juego: Cada equipo se ubicará en su campo correspondiente, el objetivo a conseguir es que algún integrante del equipo consiga meterse dentro de la portería contraria. (A esa acción se considera como gol o goles, tantos como personas hayan entrado en la portería). Si algún componente de algún equipo antes de entrar en la portería contraria y estando también en el campo contrario es tocado por alguien del otro equipo entonces deberá retroceder a su propio campo para intentar nuevamente meterse en la portería del equipo adversario. En definitiva el juego consiste en atacar y meter gol y a la vez defender y no permitir que el equipo contrario meta gol.

En ninguno de los dos equipos podrá haber portero, ni tampoco podrá haber nadie en dos metros aproximadamente alrededor de la portería.

Variantes: Hacerlo por parejas.

Observaciones: Si algún componente de algún equipo antes de entrar en la portería contraria y estando también en el campo contrario es tocado por alguien del otro equipo entonces deberá retroceder a su propio campo para intentar nuevamente meterse en la portería del equipo adversario. El maestro deberá dar la orden de comienzo, de fin y ver que equipo consigue primero el gol o los goles.

Juegos de percepción espacial

Hacemos letras y/o números gigantes

Tipo de juego: Habilidades perceptivas: Percepción espacial.

Edad recomendada: De 8 a 12 años.

Objetivo: Desarrollar la percepción y representación espacial de las letras y números a través del trabajo y el diálogo en equipo.

Contenidos:
  Conceptuales: Conocimiento y dominio de todas las letras y números.
  Procedimentales: Practicar y desarrollar la percepción, representación y representación espacial a través de letras y números.
  Actitudinales: Aceptación de las normas y del papel a representar.

Dificultad: Baja.   **Intensidad:** Baja.

Nº de jugadores: Dividimos la clase en 4 grupos de 6 ó 7 alumnos aprox.

Material: Ninguno.

Espacio: Pista cubierta o al aire libre, pero debe haber pintada o señalada en el suelo una línea recta, que posteriormente escribiremos sobre ella las letras y números.

Descripción del juego:

Cada uno de los grupos se situará sobre la línea pintada o señalada el maestro pondrá un capitán para cada uno de los grupos y éste tendrá que dirigir la realización de la letra o el número propuesto por el maestro.

Una vez que el maestro haya propuesta una letra o número los integrantes de cada grupo se tumbarán en el suelo en la posición que le diga su capitán para así formar la letra o número correspondiente, el último en tumbarse será el capitán y al final el maestro comprobará si todas la letras están bien escritas en la línea.

Variantes:
Hacer 2 grupos grandes y escribir sílabas y/o palabras cortas.

Observaciones:
Poner de capitán de cada grupo, a personas que tengan una menor participación en la clase en general y que no sean líderes.

Juegos de percepción espacial

Canario sin jaula

Tipo de Juego: Habilidades perceptivas: percepción espacial.

Edad recomendada: 6-8 años.

Objetivo: Desarrollar la percepción espacial a través de juegos con el grupo.

Contenidos:
　Conceptuales: Reconocimiento de diferentes distancias en los juegos.
　Procedimentales: Apreciación y cálculo de distancias respecto a compañeros/as.
　Actitudinales: Colaboración y participación espontánea.

Dificultad: Media.　　**Intensidad:** Baja.　　**Nº de jugadores:** Indefinido.

Material: Ninguno.

Espacio: Pista polideportiva o gimnasio.

Descripción del juego:

Los alumnos/as se distribuyen formando tríos, de forma que dos se dan las manos con los brazos extendidos (formando una jaula) y el tercero se coloca dentro (canario). Los jugadores sobrantes hacen de canarios sin jaula que a la señal del profesor/a deben buscar una libre para introducirse en ella; los que estaban en las jaulas deben salir a cambiar de sitio. Al tiempo el profesor/a cambiará los papeles de los alumnos/as.

Variantes: Modificando el tipo de desplazamiento y las distancias entre "jaulas".

Observaciones: Representación gráfica:

Juegos de percepción espacial

Cambio de aro

Tipo de Juego: Habilidades perceptivas: percepción espacial.

Edad recomendada: 8-10 años.

Objetivo: Mejorar la percepción espacial a través de la práctica de juegos.

Contenidos:
   Conceptuales: Relaciones espaciales: sentido, dirección y orientación.
   Procedimentales: Apreciación y ocupación de diferentes espacios en los juegos.
   Actitudinales: Respeto y responsabilidad hacia el propio cuerpo y hacia los demás.

Dificultad: Alta.   **Intensidad:** Baja.   **Nº de jugadores:** Indefinido.

Material: Aros.

Espacio: Pista polideportiva o gimnasio.

Descripción del juego: Todos los alumnos/as se colocan cada uno dentro de un aro dispersos por el espacio menos uno que está fuera de los aros. A la señal del profesor/a deberán cambiar de aro quedando un jugador libre que se anotará un punto. El que más puntos consiga perderá el juego.

Variantes: Aumentando el número de alumnos/as que están sin aro.

Dando la posibilidad de que en determinados aros, por ejemplo los rojos, no se puede entrar; o en los amarillos caben dos alumnos/as y en los verdes ninguno, etc.

Observaciones: Representación gráfica:

Juegos de percepción espacial

La araña peluda

Tipo de Juego: Habilidades perceptivas .Percepción espacial.

Edad recomendada: A partir de 6 años a 8 años.

Objetivo: Utilizar correctamente habilidades en situaciones de juego.
Afianzar la idea de cooperación y colaboración por parte de todos los componentes del grupo ,orientado un mismo esfuerzo hacia un mismo fin.
Aceptar las normas y el resultado como elemento del propio juego.

Contenidos:
   Conceptuales: Los juegos cooperativos.
   Procedimentales: Realización de situaciones jugadas de carácter cooperativo.
      Actividades lúdicas en los que todos colaboran para lograr
      Un fin común.
   Actitudinales: Respeto y aceptación de las limitaciones y posibilidades de sus
      Compañeros /as en relación a su aportación al juego.

Dificultad: Media.   **Intensidad:** Alta.   **Nº de jugadores:** Indeterminado.

Material: Ninguno.

Espacio: Cancha deportiva.

Descripción del juego: Disposición inicial :Dos grupos colocados en ambas líneas de fondo de la cancha deportiva. En el centro se sitúa el jugador - araña peluda -.Los jugadores de los extremos gritan ARAÑA y ésta responde PELUDA. En este momento, se cambian las posiciones evitando ser cogidos por la ARAÑA PELUDA, ésta se desplaza libremente. Los jugadores pillados se quedan en el lugar inmóviles de pies ,pero con movilidad continua en los brazos (imitando las aspas de un molino).Dificultando así el juego. Dichos jugadores podrán tocar a los jugadores/as que continúan cruzando, para lograr colaboración de todos por el fin común.

Variantes: Aumentar el número de arañas al inicio de juegos. Los jugadores/as pillados se transforman en arañas peludas.

Observaciones: Se trata de fomentar la igualdad de oportunidades, mediante actividades lúdicas no sexistas.Los jugadores pillados no son eliminados ,contribuyendo así a la realización de otras tareas , colaborando en la ejecución del juego.

Juegos de percepción espacial

Representa figuras

Tipo de Juego: Percepción espacial.

Edad recomendada A partir de los 6 años (todos los ciclos).

Objetivo: Desarrollar la percepción espacial y la cooperación intergrupal (educación en valores).

Contenidos:
  Conceptuales: Estructuras corporales y espaciales.
  Procedimentales: Percepción del propio cuerpo y de los miembros y posibilidades de los mismos.
  Actitudinales: Cooperación intergrupal.

Dificultad: Media (se puede adaptar a los diferentes ciclos).

Intensidad: Baja. **Nº de jugadores** Grupos de 4 a 8 niños / as.

Material: Folios con las diferentes figuras a representar.

Espacio: Sala cubierta o gimnasio. También, patio (en verano).

Descripción del juego: Se forman grupos de 4 a 8 niños/as y se distribuyen por el espacio. A continuación, el profesor/a muestra una figura dibujada en un folio para que los niños/as la representen en el suelo del gimnasio. El primer grupo que la represente correctamente se anota 5 puntos, 4 el siguiente y así sucesivamente. Gana el equipo que consiga el mayor número de puntos tras formar las diferentes figuras.

Variantes: Los niños/as pueden hacer dibujos de las posibles figuras a representar en sesiones previas.

El número de jugadores puede variar en función de las necesidades.

Cada grupo puede proponer una figura a representar.

Observaciones: Los grupos deben estar formados por niñas y niños de manera que se favorezca la coeducación y las relaciones sociales. Además, con este tipo de juegos también se desarrollan valores relacionados con el propio cuerpo, la comunicación, cooperación, etc.

Juegos de percepción espacial

Tren ciego

Tipo de Juego: Perceptivo.

Edad recomendada A partir de los 6 años.

Objetivo: Desarrollar la percepción espacial, auditiva y la confianza en los demás (educación en valores).

Contenidos:
  Conceptuales: Conceptos espaciales y temporales respecto a los demás.
  Procedimentales: Percepción y orientación en el espacio.
  Actitudinales: Mejora de la confianza en los demás.

Dificultad Baja.   **Intensidad:** Baja.   **Nº de jugadores** Grupos de 4 ó 5.

Material: Tiras de tela para tapar los ojos.

Espacio: Pista, patio,...

Descripción del juego: Los niños / as de cada grupo se colocan en hilera cogidos por los hombros y todos con los ojos cerrados (cubiertos por trozos de tela) excepto el último que es el maquinista y va con los ojos abiertos. A la señal del profesor / a, todos los trenes se desplazarán hacia un lugar indicado por éste. Los maquinistas guiarán a su tren a través de pequeños golpes en los hombros del compañero que va delante y éste al siguiente. Así, un golpe sobre el hombro derecho significa que debemos girar a la derecha, un golpe sobre el hombro izquierdo significa que debemos girar a la izquierda y un golpe en ambos hombros significa que andemos hacia delante. El primer tren que llegue al lugar indicado por el profesor / a se anotará un punto. Los trenes deben ir cambiando de maquinista tras llegar a cada destino.

Variantes: Los maquinistas también pueden conducir el tren gritando izquierda o derecha (así, también se trabajarían estas nociones).

Observaciones: En algunos casos no es necesario que el profesor / a indique un lugar al que vayan los trenes ya que el juego es bastante motivante por sí mismo. En estos casos el profesor / a sólo debería indicar los cambios de maquinista.

Abuelito ¿qué hora es?

Tipo de Juego: Habilidades perceptivas y expresión corporal.

Edad recomendada: a partir de 10 años.

Objetivo: Profundizar en la conducta social de los alumnos, y mejora de su conocimiento del esquema corporal y lateralidad, así como de su ritmo y percepción temporal-espacial.

Contenidos: Mejora dw la conducta social de los alumnos, y de su conocimiento del esquema corporal y lateralidad, así como de su ritmo y percepción temporal-espacial. Desarrollo las cualidades físicas de velocidad y fuerza.

Dificultad media.   **Intensidad:** media.   **Nº de jugadores:** de 20 a 30.

Material: Ninguno.

Espacio: Espacio amplio.

Descripción del juego:

Grupo variable formando un corro y dejando en su centro a uno de sus compenentes: "Abuelito". Los componentes del círculo preguntan al "abuelito". ¿Qué hora es?, el abuelito da una respuesta cualquiera y a cada una de ellas todos avanzan un paso, hasta que el "abuelito" responde: "Media noche es" y sale en persecución de sus compañeros.

Variantes:

El reloj deberá partir de rodillas, sentado y tumbado según fracase en sus persecuciones.

Observaciones:

Se acordará un lugar específico de salvación para los perseguidos. El capturado pasa a ser el abuelito-reloj parlante.

Juegos de percepción espacial

Los pescadores y la red

Tipo de Juego: Habilidades perceptivas y expresión corporal, cualidades físicas.

Edad recomendada: 8/9 años en adelante.

Objetivos: Profundizar en la conducta social de los alumnos, y mejora de su conocimiento del esquema corporal y lateralidad, así como de su ritmo y percepción temporal-espacial. Desarrollar las cualidades físicas de fuerza y velocidad.

Contenidos: Mejora de la conducta social de los alumnos, y de su conocimiento del esquema corporal y lateralidad, así como de su ritmo y percepción temporal-espacial. Desarrollo de las cualidades físicas de fuerza y velocidad.

Dificultad: Media.   **Intensidad:** Media-alta.   **Nº de jugadores:** de 20 a 30.

Material: Ninguno.

Espacio: Pista de baloncesto o de similares proporciones.

Descripción del juego:

Varios integrantes del grupo forman, cogidos de las manos, una red. Esta se desplazará unida en todo momento. La red deberá capturar a los atunes libres, envolviéndolos en la red. Los atrapados pasan a formar y engrosar la red.

Variantes:

La red es siempre de las mismas dimensiones y los atunes pueden ser liberados.

Observaciones:

La red no podrá romperse ni ser rota..

Juegos de percepción espacial

El juego del equilibrio

Tipo de Juego: Habilidades perceptivas y expresión corporal.

Edad recomendada: De 12 años en adelante.

Objetivos: Profundizar en la conducta social de los alumnos, y mejorar su conocimiento del esquema corporal y lateralidad, así como de su ritmo y percepción temporal-espacial.

Contenidos: Desarrollo de la conducta social de los alumnos, y mejora de su conocimiento del esquema corporal y lateralidad, así como de su ritmo y percepción temporal-espacial.

Dificultad Media.   **Intensidad**: Baja.   **Nº de jugadores**: De 20 a 30.

Material: Música.

Espacio: Pista de baloncesto o similar.

Descripción del juego:

Los alumnos se distribuyen en tres o cuatro grupos con el mismo número de componentes. Con una música relajante, los alumnos deben encontrar una postura en equilibrio, de forma que en el suelo solo hayan tantos apoyos, como componentes el grupo tenga menos uno (si tiene 7 componentes, solo puede haber seis apoyos).

Variantes:

Se intenta cada vez, reducir el número de apoyos, variando la agrupación, y una vez el profesor haya dado su aprobación.

Observaciones:

Los apoyos pueden ser los glúteos, la espalda, un pie, una mano…

Juegos de percepción espacial

Polis y cacos

Tipo de Juego: Habilidades perceptivas y de cualidades físicas.

Edad recomendada: A partir de 10 años.

Objetivos: Desarrollar las capacidades físicas básicas y la percepción espacial.

Contenidos: Desarrollo de las capacidades físicas básicas y la percepción espacial.

Dificultad: Media.   **Intensidad:** Alta.

Nº de jugadores: Dos equipos de cinco componentes.

Material: 30 pañuelos (o trozos de trapo, o cintas....).

Espacio: La mitad de una pista de baloncesto o fútbol-sala.

Descripción del juego: Se forman dos grupos de cinco personas, que se enfrentan entre sí. Cada componente del grupo tendrá un número y se colgará de la cintura tres pañuelos. Al decir el profesor un número acompañado de "poli o caco", este alumno deberá intentar coger el mayor número de pañuelos de sus adversarios durante 10 segundos. No es necesario que se diga un grupo alternativamente a otro, siempre y cuando cada grupo persiga el mismo número de veces a su contrincante. Cuando un alumno se queda sin pañuelos, el que más tiene de su equipo le presta uno hasta que recupere por su cuenta otro.

Observaciones: Se debe procurar que todos los alumnos participen y en ningún caso se produzcan eliminados, hasta que ya no resten pañuelos para todos, en cuyo momento se acaba el juego.

Juegos de percepción espacial

Júntate conmigo

Tipo de Juego: Habilidades perceptivas, cualidades físicas y expresión corporal.

Edad recomendada: A partir de 10 años.

Objetivos: Desarrollar la capacidad de socialización de los niños y profundizar en el conocimiento del esquema corporal y la lateralidad.

Contenidos: Desarrollo de la capacidad de socialización del niño y mejora del esquema corporal y su lateralidad.

Dificultad Media.   **Intensidad:** Media-baja.   **Nº de jugadores:** De 20 a 30.

Material: Ninguno.

Espacio: Una pista de baloncesto, fútbol-sala, o espacio de similares proporciones.

Descripción del juego: Todos se colocan en parejas excepto uno, este se dedica a dar consignas a sus compañeros, sobre con que parte del cuerpo deben tocarse las parejas, indicando si se ha de realizar de pie, sentados o tumbados. Pero si dice la frase "júntate conmigo", todos han de ir a buscar una nueva pareja, incluido el que daba órdenes. El que se queda sin pareja es ahora el que da las órdenes.

Variantes: Se pueden dar las instrucciones, utilizando en lugar de partes del cuerpo, músculos o huesos. Los grupos pueden aumentar el número, siempre y cuando un alumno se quede para dar las instrucciones.

Observaciones: Las instrucciones deben darse con poca separación temporal, para añadir mayor dinamismo al juego.

Juegos de percepción espacial

Circuito de monopatín

Tipo de Juego: Habilidades perceptivas, habilidades y destrezas básicas y cualidades físicas.

Edad recomendada: A partir de 12 años.

Objetivos: Desarrollar el equilibrio, la percepción espacial, la fuerza, la coordinación y la socialización.

Contenidos: Desarrollo del equilibrio, la percepción espacial, la fuerza, la coordinación y la socialización.

Dificultad: Media.   **Intensidad:** Media.   **Nº de jugadores:** De 20 a 30.

Material: Monopatines.

Espacio: Pista de baloncesto o similar.

Descripción del juego:

Los alumnos se distribuyen en cuatro grupos, colocados en fila en el fondo de la pista de baloncesto y con un monopatín por grupo. El juego consiste en, los dos primeros del grupo deben realizar un circuito en el que uno de los componentes va sentado en el monopatín y el otro lo empuja siguiendo el circuito (a la ida empuja uno y a la vuelta el otro).

Variantes:

En lugar de empujar el alumno debe tirar de su compañero por las manos, de esta forma el que tracciona está de espaldas al circuito y su compañero le debe guiar por el mismo.

Juegos de percepción espacial

Pescar al pez

Tipo de Juego: Habilidades perceptivas: Percepción y Orientación espacial.

Edad recomendada: De 6 a 10 años.

Objetivo: Adquirir las habilidades necesarias que le permitan un progresivo acceso a las conductas motrices de base, como la organización espacial, participando en juegos cooperativos.

Contenidos:

Conceptuales: Desarrollo de la orientación espacial.

Procedimentales: Realización de desplazamientos de forma ordenada y coordinada.

Actitudinales: Participación en juegos, respetando las condiciones físicas de los compañeros /as.

Dificultad Media.   **Intensidad:** Media.

Nº de jugadores: Un máximo de 15 jugadores, se puede dividir la clase en dos grupos.

Material: No es necesario.

Espacio: Cualquier espacio amplio.

Descripción del juego: Todo el grupo reunido en el centro del espacio. Se inicia el juego otorgando el rol de pez a un jugador del grupo. Se gritará su nombre y este debe de huir. El resto del grupo tiene que intentar rodearlo, pero no pueden agarrarse entre ellos ni tampoco al pez. Deben juntar sus cuerpos y formar un círculo. El pez no puede romper la barrera, ni pasar entre las piernas, solo puede huir por los espacios libres. Cuando haya sido rodeado, nombrará al próximo pez, teniendo en cuenta que no se puede repetir hasta que no hayan salido todos.

Variantes: Que haya varios peces y que estos se puedan escapar por debajo de las piernas, pero entonces los pescadores se podrán coger de las manos para hacer la red más segura.

Observaciones: La primera o primeras veces que se realice el juego, el resto de niños / as de la clase estarán observado como se desarrolla este y animando al pez, para después pasar a jugar ellos. Una vez que hayan jugado varias veces, se puede hacer dos grupo y jugar los dos a la vez, cada uno en su espacio delimitado. Además de valorar la orientación espacial y la creatividad de los jugadores en el desarrollo del juego, también se valorará la cooperatividad con los compañeros.

Juegos de percepción espacial

El Comecocos

Tipo de Juego: Habilidades perceptivas: percepción espacial.

Edad recomendada: 6-8 años.

Objetivo: Desarrollar la percepción espacial a través de juegos con el grupo.

Contenidos:

    Conceptuales: Conocimiento de los conceptos topológicos básicos.

    Procedimentales: Apreciación y cálculo de distancias en desplazamientos.

    Actitudinales: Participación activa en el juego aceptando las reglas del mismo.

Dificultad: Media.   **Intensidad:** Media.   **Nº de jugadores:** Indefinido.

Material: Ninguno.

Espacio: Pista polideportiva.

Descripción del juego: Juego de persecución en el que un alumno/a debe atrapar al resto. Todos los jugadores deben desplazarse corriendo sobre las líneas pintadas en el suelo. Cuando un alumno/a es atrapado se convierte en atrapador ganando el último jugador en ser "pillado". Los atrapadores, para distinguirlos, irán dando palmas verticalmente con los brazos extendidos.

Variantes: Los atrapadores pueden ir dentro de un aro, saltando a pies juntos o saltando sobre un solo pie.

Observaciones: Representación gráfica:

Juegos de percepción de equilibrio

Agiyé (Marruecos)

Tipo de juego: Habilidades perceptivas: equilibrio. Habilidades y destrezas básicas: saltos, desplazamientos.

Edad recomendada: A partir de los 8 años.

Objetivo: Mejorar el equilibrio dinámico.

Contenidos:
 Conceptuales: Conocimiento de la forma de juego en otras culturas.
 Procedimentales: Control corporal. Velocidad de reacción.
 Actitudinales: Respeto a las normas del juego. Aceptación del rol que le corresponda. Valoración de las manifestaciones culturales jugadas en otros pueblos.

Dificultad: Baja.   **Intensidad:** Media.   **Nº de jugadores:** De 7 a 12 por grupo.

Material: Ninguno.

Espacio: Cualquiera libre de obstáculos.

Descripción del juego:

Todos los jugadores se sientan en el suelo, formando un círculo, excepto uno que ocupa el centro del círculo. El que está en el centro coloca sus manos en su nuca se desplaza a la pata coja tratando de tocar, con su pie de apoyo, a cualquiera de los jugadores que están sentados. Estos pueden moverse, retirándose hacia detrás pero no les está permitido levantarse.

Cuando el que está en el centro toca con su pie a alguno de los que forman el círculo, ambos jugadores intercambian sus papeles.

Variantes: Variar la forma de desplazamiento del que está en el centro: salta con los pies juntos, va en cuadrupedia...

Las personas tocadas se levantan y pasan a ayudar al que se la queda inicialmente. El juego finaliza cuando no queda ninguna persona sentada.

Observaciones:

Juegos de percepción de equilibrio

Sillas musicales cooperativas

Tipo de Juego: Habilidades perceptivas: equilibrio.

Edad recomendada: A partir de los 8 años.

Objetivo: Mejorar el equilibrio.

Contenidos:
  Conceptuales: La cooperación como medio para la resolución de problemas. Equilibrio estático.
  Procedimentales: Ritmo, danza y movimiento. Adaptación de la posición corporal a estímulos externos.
  Actitudinales: Respeto a las normas del juego. Cooperación con los compañeros para alcanzar objetivos comunes.

Dificultad: Alta.   **Intensidad:** Media.   **Nº de jugadores:** Más de 10.

Material: Sillas (tantas como jugadores menos uno) y casete.

Espacio: Cualquiera libre de obstáculos.

Descripción del juego: Se disponen las sillas formando un círculo, con el respaldo hacia el centro. Todos los jugadores se sitúan de pie por fuera de dicho círculo.

Mientras suena la música, todos se mueven a su ritmo dando vueltas alrededor del círculo de sillas, siempre en el mismo sentido. Cuando la música deja de oírse, todos buscan una silla en la que subirse.

El objetivo del grupo es que nadie toque el suelo. Si lo consigue se quita una silla y se reinicia el juego. Lógicamente, varias personas pueden compartir una misma silla. ¿En cuántas sillas es capaz de meterse el grupo?

Variantes: En lugar de una silla, se quitan tantas como queden vacías.

Hacer que uno o varios de los jugadores del grupo vayan con los ojos tapados, son ciegos.

Observaciones: Con niños más pequeños se puede sustituir las sillas por aros.

Juegos de percepción de equilibrio

Orden en las sillas

Tipo de Juego: Habilidades perceptivas: equilibrio.

Edad recomendada: A partir de los 8 años.

Objetivo: Mejorar el equilibrio.

Contenidos:
  Conceptuales: La cooperación como medio para la resolución de problemas.
  Procedimentales: Equilibrio estático y dinámico. Coordinación de los movimientos propios con los de los compañeros.
  Actitudinales: Respeto a las normas del juego. Aceptación del esfuerzo de los compañeros con independencia de sus éxitos o fracasos. Cooperación con los compañeros para alcanzar objetivos comunes.

Dificultad: Media.   **Intensidad:** Baja.   **Nº de jugadores:** Más de 10.

Material: Una silla por jugador.

Espacio: Cualquiera.

Descripción del juego:

Se colocan las sillas, una junto a la otra, formando una fila. Cada jugador empieza el juego de pie encima de una silla.

El profesor dirá: "Orden en las sillas, por... ¡Fecha de nacimiento!", por ejemplo. A partir de ese momento el objetivo del grupo es ordenarse según el criterio de la maestra sin que nadie pueda pisar en el suelo. Si una persona toca el suelo debe volver a la silla donde inició la actividad. El juego finaliza cuando el grupo consigue su objetivo.

Variantes: Dos o más jugadores son ciegos y van con los ojos vendados.

Observaciones: Con niños más pequeños se puede hacer el mismo juego con aros dispuestos en el suelo.

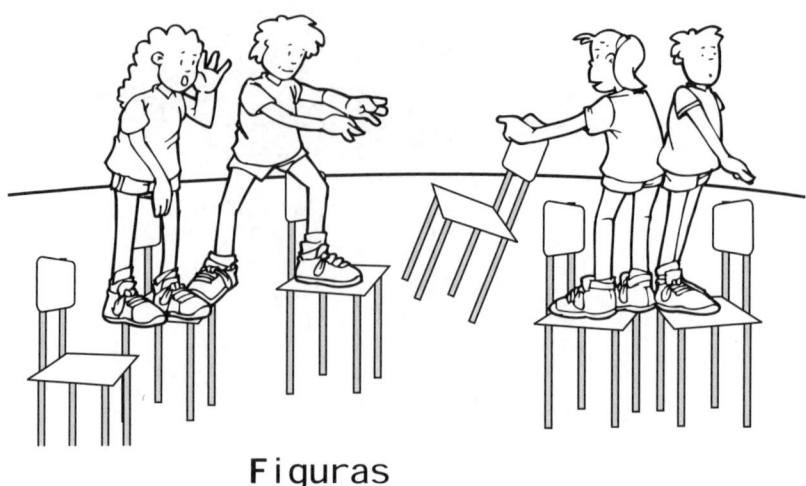

Juegos de percepción de equilibrio

Figuras

Tipo de Juego: Habilidades perceptivas: equilibrio.

Edad recomendada: A partir de los 8 años.

Objetivo: Mejorar el equilibrio.

Contenidos:
   Conceptuales: La cooperación como medio para la resolución de problemas.
   Procedimentales: Control corporal en situaciones dinámicas de equilibrio. Adaptación de los movimientos individuales y grupales para la resolución de problemas motores.
   Actitudinales: Respeto a las normas del juego. Cooperación con los compañeros para alcanzar objetivos comunes. Valoración del esfuerzo realizado.

Dificultad: Media.   **Intensidad:** Media.   **Nº de jugadores:** Más de 10.

Material: Una silla por participante.

Espacio: Cualquiera libre de obstáculos.

Descripción del juego: Los jugadores colocan su silla en cualquier punto del espacio y se sitúan, de pie, encima de ella. El profesor dirá: "Figura, figura...¡Círculo!", por ejemplo. Desde ese momento el objetivo del grupo es formar un círculo con las sillas sin que nadie toque el suelo. Si alguien cae al suelo queda congelado hasta que otra persona no congelada intercambie su silla con él. El juego finaliza cuando el grupo consigue su objetivo.

Variantes: Variar la forma en que los congelados vuelven al juego: dando una voltereta en una colchoneta, lanzando un balón contra un blanco, etc.

Observaciones: Las sillas pueden ser sustituidas por hojas de periódico o por rectángulos de cartón.

Juegos de percepción de equilibrio

La rueda

Tipo de Juego: Habilidades perceptivas: equilibrio.

Edad recomendada: A partir de los 8 años.

Objetivo: Mejorar el equilibrio.

Contenidos:
   Conceptuales: La cooperación como medio para la resolución de problemas.
   Procedimentales: Equilibrio estático.
   Coordinación de los movimientos propios con los de los compañeros.
   Actitudinales: Aceptación del papel de los compañeros en el juego. Cooperación con los compañeros para alcanzar objetivos comunes.

Dificultad: Alta.   **Intensidad:** Baja.   **Nº de jugadores:** A partir de ocho.

Material: Cubiertas de neumático.

Espacio: Cualquiera.

Descripción del juego: El juego consiste en saber cuántas personas son capaces de mantenerse en equilibrio sobre una cubierta de neumático durante, al menos cinco segundos.

Comienza una persona, si lo consigue se une una segunda, una tercera, etc. hasta que el grupo decide que ya no caben más.

Variantes: Se comienza disponiendo de un número de neumáticos elevado que se va reduciendo a medida que todo el grupo es capaz de mantenerse en equilibrio sobre ellos. ¿En cuántos neumáticos es capaz de mantenerse en equilibrio toda la clase?

Observaciones: Los neumáticos pueden ser sustituidos por otros objetos: colchonetas, esterillas, cartulinas..., aunque la dinámica del juego cambia.

Juegos de percepción de equilibrio

Fútbol a la par

Tipo de juego: Habilidades perceptivas: Equilibrio y ritmo. Habilidades y destrezas básicas: Lanzamientos, golpeos, recepciones, desplazamientos, conducciones.

Edad recomendada: A partir de los 10 años.

Objetivo: Favorecer la cooperación para la consecución de un objetivo común.

Contenidos:
    Conceptuales: Principios de los deportes colectivos
    Procedimentales: Ejecución de desplazamientos, golpeos, conducciones… de un móvil en parejas.
    Actitudinales: Cooperación con un compañero y colaboración con el resto del equipo.

Dificultad: Media.   **Intensidad:** Media.   **Nº de jugadores:** Dos equipos de 10.

Material: Balón de fútbol y dos porterías.

Espacio: Pista polideportiva de 20 x 40.

Descripción del juego: Dos equipos, formados por 5 parejas de jugadores que deben permanecer cogidos de las manos, deben efectuar cualquier desplazamiento, golpeo, etc. , sin tener permitido el soltarse de las manos, para tratar de introducir la pelota dentro de la portería contraria. Por lo general, utilizaríamos la reglamentación similar a la del fútbol sala.

Variantes: La pareja permanecerá atada con un pie. Para ello podemos anudar los cordones de una zapatilla.

Observaciones:

Juegos de percepción de equilibrio

La botella borracha

Tipo de juego: Habilidades perceptivas: Percepción espacial, equilibrio. Cualidades físicas: Fuerza.

Edad recomendada: A partir de 12 años.

Objetivo: Desarrollar la cooperación grupal.

Contenidos:
  Procedimentales: Ejecución de pases mediante empujes de un compañero.
  Actitudinales: Cooperación.

Dificultad: Media. **Intensidad:** Baja. **Nº de jugadores:** 7 por grupo.

Material: Sin material.

Espacio: Polideportivo.

Descripción del juego: Un compañero se sitúa en el centro del grupo. Tiene que formar un bloque compacto y ha de tener los pies juntos. El resto de miembros del grupo efectuaran pases del mismo evitando que caiga al suelo.

Variantes: Botella tendrá los ojos cerrados.

Observaciones: Este juego implica un gran sentido de responsabilidad por lo que es conveniente llevarlo a cabo conociendo previamente el grupo.

Juegos de percepción de equilibrio

Relevos a dos pies

Tipo de juego: Habilidades perceptivas: Equilibrio y rítmico. Habilidades y destrezas básicas: Desplazamientos. Cualidades físicas: Velocidad.

Edad recomendada: A partir de 6 años.

Objetivo: Favorecer la cooperación dual.

Contenidos:
  Procedimentales: Ejecución de desplazamientos en parejas
  Actitudinales: Aceptación de la importancia de la cooperación para la consecución del objetivo

Dificultad: Media.   **Intensidad:** Media.

Nº de jugadores: Formamos dos grupos de 10 jugadores los cuales estarán situados en parejas.

Material: Sin material.

Espacio: Polideportivo.

Descripción del juego: El juego consiste en efectuar desplazamientos dando relevos en parejas con los cordones de un pie atados al cordón del otro pie del compañero. Así pues, el desplazamiento de la pareja debe ser coordinado y cooperando ambos pues sino es un tanto complejo de realizar.

Variantes: Sin atar los cordones, simplemente con los pies juntos transportando un aro entre los pies.

Observaciones: Tener cuidado al atar los cordones pues si son atados incorrectamente se forma un nudo, el cual presenta una gran dificultad para deshacerlo posteriormente.

Juegos de percepción de equilibrio

A través del aro

Tipo de juego: Habilidades perceptivas: Percepción espacial y equilibrio. Cualidades motrices: Agilidad.

Edad recomendada: A partir de los 8 años.

Objetivo: Cooperar en el juego.

Contenidos:
   Procedimentales: Ejecución de actividades que impliquen cierta coordinación.
   Actitudinales: Aceptar las diferencias existentes entre los participantes.

Dificultad: Media.

Intensidad: Baja.

Nº de jugadores: Grupos de 8 a 10.

Material: Un aro por grupo.

Espacio: Polideportivo.

Descripción del juego: Formamos varios grupos de 8 a 10 participantes los cuales permanecerán cogidos de la mano. Un jugador de cada grupo llevará un aro el cual deberá atravesar sin soltarse de sus compañeros. Al igual que este jugador, el resto de componentes del grupo también deberán atravesarlo hasta que llegue de nuevo al primero. El ganador será aquel grupo que consiga realizarlo sin soltarse y en el menor tiempo.

Variantes: Efectuar dos vueltas. Introducir un mayor número de aros.

Juegos de percepción de equilibrio

Sin caerse del tronco

Tipo de juego: Habilidades perceptivas: Equilibrio.

Edad recomendada: De 6 a 12 años.

Objetivo: Mejorar y trabajar el equilibrio a través de juegos cooperativos.

Contenidos:
   Conceptuales: Conocimiento de nuestras sensaciones de equilibrio tanto individual como en el trabajo en equipo.
   Procedimentales: Realización de diferentes formas de equilibrio individuales y colectivas.
   Actitudinales: Respeto a las limitaciones y posibilidades del compañero/a.

Dificultad: Media-alta en función de las características del banco, tronco, bordillo u objeto utilizado.

Intensidad: Baja.

Nº de jugadores: Toda la clase si el banco es lo suficientemente largo.

Material: Varios bancos de gimnasio alineados y que sean lo suficientemente largo para que entre toda la clase. Como alternativa a los bancos se puede dibujar en el suelo 2 líneas paralelas de 20 cm de ancho.

Espacio: Cualquiera, se puede hacer tanto al aire libre como dentro de un gimnasio.

Descripción del juego: Consiste en moverse por el banco manteniendo el equilibrio sin bajarse de él cumpliendo las órdenes dichas por el maestro. Solamente se permite agarrarse al compañero para pasar de un lado a otro. Ejemplo: ordenarse según la estatura, edad, número de lista de clase...

Variantes:

Colocar unos puntos de apoyo fuera del banco pero tan solo podemos apoyarnos con un pie.

Observaciones: Colocar los puntos de apoyo solo para los que tengan un menor dominio del equilibrio.

Se valorará más los desplazamientos hechos a través de ayudas con los compañeros/as dando así más importancia a la cooperación y al trabajo en equipo.

Juegos de percepción de equilibrio

Sogatira

Tipo de juego: Habilidades perceptivas: Equilibrio. Cualidades físicas básicas: Fuerza.

Edad recomendada: De 8 en adelante.

Objetivo: Estimular el desarrollo de la fuerza y mejorar el equilibrio.

Contenidos:
  Conceptuales: Conocimiento de conceptos como la fuerza y el equilibrio y los diferentes tipos que puede haber (estático y dinámico).
  Procedimentales: Dominio del control del propio cuerpo en situaciones que requieran una exigencia considerable de fuerza y equilibrio.
  Actitudinales: Valoración del trabajo en equipo y respeto al equipo adversario.

Dificultad: Baja.   **Intensidad:** Media.

Nº de jugadores: La clase queda dividida en dos grandes grupos.

Material: Cuerda larga (a mayor grosor mejor para agarrarla) y un pañuelo.

Espacio: Pista cubierta o al aire libre.

Descripción del juego: El juego consiste en tirar de la cuerda y hacer que el equipo contrario pase y atraviese una zona determinada.

Los equipos se colocarán a 2 metros aprox. y a cada lado del pañuelo que estará anudado en el centro de la cuerda. A cada lado del pañuelo y a esos dos metros mencionados anteriormente habrá dibujado una línea que es donde debe estar situado el primero de los integrantes del equipo. A la orden del maestro los 2 equipos deberán tirar en sentido contrario y conseguir que el equipo contrario sobrepase las 2 líneas que están marcadas en el suelo.

Variantes: A la altura del pañuelo se puede atar otra cuerda y así será posible que haya 4 equipos tirando en forma de cruz y en sentidos diferentes.

Observaciones: El maestro deberá tener en cuenta a la hora de hacer los equipos que sean equipos igualados.

Juegos de percepción de equilibrio

Lucha de caballos

Tipo de Juego: Fuerza.

Edad recomendada: 14-16 años.

Objetivo: Desarrollar la fuerza a través de juegos creando una actitud correcta ante la competición.

Contenidos:
   Conceptuales:
   Conocer y respetar las capacidades de los compañeros/as.
   Procedimentales:
   Desarrollar la fuerza a través de juego competitivo.
   Actitudinales:
   Respeto a las normas y a los compañeros/as.

Dificultad: Media.   **Intensidad:** Alta.   **Nº de jugadores:** Parejas.

Material: Colchonetas.

Espacio: Pisa polideportiva o gimnasio.

Descripción del juego:

Colocamos una serie de colchonetas el cual será el terreno del juego. Por parejas uno montado a "borricate" sobre el compañero/a tendrán que derribar al resto de parejas, gana quien quede en pie.

Variantes:

Observaciones:

Los gladiadores

Tipo de Juego: Fuerza.

Edad recomendada: 14-16 años.

Objetivo: Perfeccionar la capacidad de ajuste, dominio y control corporal que permita dar respuestas motrices adecuadas a situaciones diversas de coordinación, equilibrio y fuerza.

Contenidos:
  Conceptuales:
  Desarrollar y perfeccionar una buena conciencia postural.
  Procedimentales:
  Ser capaz de controlar el cuerpo en situaciones de equilibrio estático y dinámico.
  Actitudinales:
  Desarrollar la confianza y seguridad en sí mismos.

Dificultad: Baja.   **Intensidad:** Baja.   **Nº de jugadores:** Parejas.

Material: Barra de equilibrio, colchonetas.

Espacio: Gimnasio.

Descripción del juego: Sobre la barra de equilibrio se suben dos alumnos/as por ambos extremos. Una vez que se encuentran de frente en el centro de la barra deben intentar hacer caer al compañero.

Variantes:

Observaciones: Representación gráfica:

Juegos de percepción de equilibrio

Confianza ciega

Tipo de Juego: Fuerza.

Edad recomendada: 14-16 años.

Objetivo: Valorar las posibilidades de fuerza de cada componente del grupo.

Contenidos:
　Conceptuales:
　Conocer las posibilidades de fuerza de cada uno.
　Procedimentales:
　Trabajar y desarrollar la fuerza de forma lúdica.
　Actitudinales:
　Tener plena confianza en los compañeros/as.

Dificultad: Baja.　　**Intensidad:** Media.　　**Nº de jugadores:** Grupos.

Material: Ninguno.

Espacio: Pista polideportiva o gimnasio.

Descripción del juego: Grupos de unos 6-8 alumnos/as colocados en circulo, uno de los cuales en el centro ha de dejarse caer y los compañeros/as sujetarlo antes de que caiga al suelo. Se van intercambiando los papeles.

Variantes:

Observaciones: Representación gráfica:

Juegos de percepción de equilibrio

Pilla pilla por las líneas

Tipo de Juego: Perceptivas: La coordinación, la percepción espacial y sobretodo el equilibrio. Básicas: desplazamientos, carreras y giros.

Físicas: velocidad, resistencia y tiempo de reacción.

Edad recomendada: 9, 10, 11, 12 años.

Objetivos: Conocer y valorar su cuerpo como medio de disfrute y exploración. Regular y dosificar el esfuerzo. Participar en juegos activamente. Utilizar sus capacidades físicas básicas y destrezas motrices. Utilizar los recursos expresivos del cuerpo y del movimiento para comunicarse.

Contenidos:
  Conceptuales:
  Identificación de los segmentos corporales y de sus posibilidades.
  Conocimiento de los ejes corporales y movimientos que posibilitan. Conocimiento de los planos de orientación y posibilidades de movimiento. Reconocer y diferenciar tipos de trayectorias.
  Procedimentales:
  Interiorización de los segmentos corporales. Experimentación de movimientos en diversas situaciones en cada uno de los ejes corporales. Experimentación de los movimientos en cada uno de los planos.
  Actitudinales: Valoración y aceptación de su realidad corporal, sus posibilidades y límites. Disposición favorable a la autosuperación. Seguridad, confianza en sí mismo y autonomía personal..

Dificultad baja.   **Intensidad:** media.   **Nº de jugadores** entre 8 y 14.
Material: ninguno.

Espacio: Una pista deportiva delimitada por sus líneas correspondientes, bien visibles y a ser posible las máximas posibles también.

Descripción del juego: Es un juego, que en realidad es una variedad del "pilla, pilla" que todos conocemos. La diferencia con aquel es que los alumnos/as se disponen en una línea de una pista deportiva, previamente se sortea quien " se la queda" o sea el que tiene que pillar a los demás. A una señal dada salen corriendo todos los demás y el que pilla cuenta a viva voz 1, 2, 3 y sale corriendo tras ellos. Solamente se puede correr por las líneas del campo y una vez que se pilla a un jugador, éste también tiene que ayudar al que le ha pillado a tratar de coger a los demás. Si alguien se sale de las líneas o bien queda eliminado del juego porque no ha cumplido con las reglas del mismo o bien se "la queda", o sea también tiene que tratar de alcanzar a los demás, eso se decide antes de empezar el juego entre todos los que van a jugar. La misión del arbitro del juego es delimitar esas salidas de líneas y el de dar la salida del juego.

Variantes: Si es una clase numerosas de niños, se pueden realizar 2 ó 3 grupos, porque más de 13 ó 14 jugadores no es positivo para este juego.

Observaciones: Los valores que se potencian son: Aceptación de normas y reglas. Comportamiento correcto y adecuado. Anteposición del placer de jugar al de ganar. Habituarse a ganar y a perder. Ser capaz de distinguir entre oposición, rivalidad y menosprecio. Valorar las posibilidades del juego en el tiempo libre y de ocio. Respeto hacia el propio cuerpo como paso para respetar a los demás.

Juegos de percepción rítmica

Copia mi ritmo

Tipo de Juego: Percepción temporal.

Edad recomendada: De 6 a 8 años.

Objetivo: Percibir, reproducir, inventar y ejecutar estructuras rítmicas utilizando el movimiento corporal.

Contenidos:

   Conceptuales: Ritmo y movimiento: adaptación del movimiento a estructuras rítmicas variables.

   Procedimentales: Creación de secuencias de movimiento. Potenciación de la memoria motriz. Imitación de movimientos asociados a ritmos sencillos.

   Actitudinales: Toma de conciencia de las posibilidades rítmicas de un cuerpo. Valoración y disfrute del movimiento rítmico.

Dificultad: Media.   **Intensidad:** Baja.   **Nº de jugadores:** Todo el grupo.

Material: Sin material.

Espacio: Divididos en dos grupos: un grupo se sitúa dentro de la pista y el otro sentado fuera.

Descripción del juego: El juego comienza con un grupo, distribuido libremente por la pista, que actúa y el otro grupo sentado que observa. Continua, ejecutando, el primer grupo, de manera individual un ritmo determinado (cada jugador se inventa un ritmo: p.ej. 3 saltos, 2 a la pata coja...) mientras cada uno de los jugadores del segundo grupo debe fijarse en uno de los que está actuando para copiar su ritmo. Acaba, cuando tras actuar el segundo grupo, los jugadores del primer grupo deben saber que jugador ha copiado su ritmo.

Variantes: Se puede introducir en el ritmo objetos.

Observaciones: La dificultad de la secuencia rítmica aumentará con la edad.

Juegos de percepción rítmica

El director de orquesta

Tipo de Juego: Percepción del ritmo.

Edad recomendada: De 8 a 10 años.

Objetivo: Vivenciar el ritmo creativo por el movimiento espontáneo.

Contenidos:

    Conceptuales: El cuerpo como caja de sonidos. Ritmo y movimiento: adaptación a estructuras rítmicas sencillas y variables.

    Procedimentales: Seguir ritmos sencillos con movimientos segmentarios. Trabajar con sonidos producidos por su cuerpo y adaptarlos a un ritmo básico. Discriminar diferentes ritmos.

    Actitudinales: Vivir la expresividad como un medio de relación. Participar activa y espontáneamente en tareas de movimiento rítmico.

Dificultad: Media.   **Intensidad:** Baja.   **Nº de jugadores:** Grupos de 8 ó 10.

Material: Sin material.

Espacio: Distribuidos libremente por grupos de 8 o 10 sentados en el suelo.

Descripción del juego: El juego comienza colocados en círculo sentados y un jugador en medio. Continua, en el momento que uno de los jugadores, anteriormente decidido, comienza a marcar un ritmo(con manos, pies, sonidos, imitación de instrumentos, etc...) que deben seguir el resto de los compañeros y que irá cambiando sucesivamente. Acaba, en el momento que el jugador del centro descubre quien es el "director de orquesta".

Reglas: El jugador del centro tiene 3 oportunidades para descubrir quién es. El "director de orquesta" debe cambiar de ritmo frecuentemente.

Variantes: El ritmo puede marcarse también con objetos.

Observaciones: Es recomendable que todos pasen por el rol de director de orquesta.

Juegos de percepción rítmica

La serpiente (Zimbabue)

Tipo de Juego: Habilidades perceptivas: rítmico. Cualidades físicas: tiempo de reacción.

Edad recomendada: A partir de los 6 años.

Objetivo: Favorecer el sentido rítmico y la expresión corporal. Disminuir el tiempo de reacción.

Contenidos:
    Conceptuales: Ritmo, danza y movimiento. La música como parte fundamental en los juegos africanos.
    Procedimentales: Adaptación del movimiento corporal a una base musical. Velocidad de reacción.
    Actitudinales: Respeto a las normas del juego. Aceptación de cualquier compañero para el juego. Valoración de las manifestaciones culturales jugadas en otros pueblos.

Dificultad: Baja.   **Intensidad:** Media.

Nº de jugadores: Los que se quiera, organizados en parejas.

Material: Un pañuelo por pareja, radiocasete.

Espacio: Cualquiera libre de obstáculos.

Descripción del juego: Cada pareja coloca su pañuelo en el suelo, entre los dos jugadores. Cuando suena una música, todos bailan como si fueran gallinas, colocando el dorso de sus manos sobre su cintura y agitando sus brazos adelante y atrás. Cuando la música cesa, ambos tratan de hacerse con el pañuelo; el que lo consigue permanece en su sitio, el que no tiene que cambiar de pareja antes de que la música vuelva a sonar.

Variantes: Bailar de espaldas al pañuelo.

Definir la mano con la cual hay que agarrar el pañuelo cuando la música cese.

Observaciones: En el juego original todos los participantes, salvo los dos que bailan, se colocan en círculo y son los que cantan y dan palmas. Los que bailan lo hacen arrodillados y cuando la música cesa deben agarrar la tela con los dientes. El que no lo consigue elige a otra persona del círculo para que lo sustituya.

Juegos de percepción rítmica

Baile de balones

Tipo de Juego: Rítmico.

Edad recomendada: Desde 3 hasta 12 años.

Objetivos: Mejorar la atención. Desarrollar el ritmo. Conocimiento y control corporal.

Contenidos:
    Conceptuales: Conocer las reglas del juego.
    Procedimantales: Responder a un estímulo. Coordinar movimientos.
    Actitudinales: Participar activamente. Confiar en las propias posibilidades.

Dificultad: Baja.   **Intensidad:** Baja.   **Nº de jugadores:** entre 20 y 25.

Material: Tantos balones como parejas de jugadores. Un radiocasette y cintas de música variada.

Espacio: Un patio, porche o sala de usos múltiples.

Descripción del juego: El juego se realiza por parejas unidas entre sí por un balón, o sea, uno/a delante del balón y otro/a detrás, imitan al profesor/a al ritmo de la música sin que se caiga el balón.

Variantes: Haciendo lo contrario de lo que indique el profesor/a.

Observaciones: Los valores que más se ponen de manifiesto son:

Comportamiento cívico.

Aceptación de las normas.

Respeto por los demás.

La orquesta

Tipo de Juego: Rítmico.

Edad recomendada: Desde 3 años hasta 8 años.

Objetivos: Mejorar la atención. Desarrollar la percepción espacio- temporal. Identificar segmentos corporales.

Contenidos
    Conceptuales: Conocer la mecánica del juego. Aprender los segmentos corporales del propio cuerpo.
    Procedimentales: Responder rapidamente a un estímulo. Coordinar movimientos.
    Actitudinales: Confiar en las propias posibilidades. Participar con respeto.

Dificultad: Baja.   **Intensidad :** Baja.   **Nº de jugadores :** Entre 20 Y 25.

Material: Una pizarra , tiza, radiocasette y cinta musical variada.

Espacio: Una clase , un porche o una sala de usos múltiples.

Descripción: En la pizarra se dibuja una mano , un pie , una boca. El monitor/a las va señalando y con esa parte del cuerpo , el grupo hace música al compás de la que ya suena.

Variante: En lugar de utilizar un solo segmento corporal cada vez , hacerlo con dos o tres al unísono.

Contacto con tacto

Tipo de Juego: Rítmico.

Edad recomendada: entre 3 y 8 años.

Objetivos: Mejorar el ritmo. Aumentar la reacción a un estímulo externo. Conocimiento de partes del cuerpo.

Contenidos:
   Conceptuales: Reconocer las partes del cuerpo. Desarrollar la atención. Mejorar la agilidad.
   Procedimentales: Realizar cambios de ritmos. Responder a estímulo.
   Actitudinales: Participar activamente. Divertirse jugando.

Dificultad: Baja.   **Intensidad:** Baja.   **Nº de jugadores:** entre 10 y 20.

Material: Aros, Radiocasette, cintas musicales.

Espacio: Cualquiera.

Descripción: Es un juego que se empieza individualmente y se finaliza por parejas.

En el suelo montamos un circuito de aros, de tal manera que haya un número inferior de aros al número de parejas que se puedan formar, es decir si hay 20 jugadores/as, montamos un circuito de 9 aros.

Todos los jugadores/as comienzan a andar y bailar al son de una música, cuando ésta se para, todos intentan meterse en los aros por parejas. Entonces se van eliminando parejas y a continuación el profesor/a dirá en voz alta partes del cuerpo y se las tocarán a la persona con la que estén en el aro.

Después vuelve a tocar la música y así sucesivamente.

Variantes: Se puede realizar el juego sin que sea eliminatorio.

Observaciones: Se intenta fomentar el respeto a los demás, valorar el juego como medio de diversión y de ocio y se se realiza sin que sea eliminatorio se fomenta la no competividad.

Juegos de percepción rítmica

Muestro - demuestro

Tipo de Juego: Rítmico y de velocidad de reacción.

Edad recomendada : Desde 3 a 8 años.

Objetivos: Mejorar la atención. Desarrollar la percepción espacio- temporal. Mejorar la respuesta.

Contenidos:
   Conceptuales: Conocer las reglas de juego. Reconocer las partes del cuerpo humano. Conocer derecha-izquierda.
   Procedimentales: Percibir la lateralidad del cuerpo. Coordinar movimientos. Responder rapidamente a un estímulo.
   Actitudinales: Participar activamente. Confiar en las propias posibilidades.

Dificultad: Baja.   **Intensidad:** Baja.   **Nº de jugadores:** entre 10 y 20.

Material: Ninguno.

Espacio: Cualquiera.

Descripción del juego: Todos los pequeños/as se sitúan en círculo y uno queda en el centro. Todos se ponen a andar alrededor de esa persona , que irá nombrando partes del cuerpo y su lateralidad , por ejemplo: pierna derecha, brazo izquierdo, rodilla derecha etc... y los demás mueven esa parte del cuerpo sin equivocarse y la muestran.

Variantes: Mostrar la parte opuesta de lo que el profesor/a dice o del alumno/a que esté dentro del círculo.

Observaciones: Fomentamos los siguientes valores. Respeto a los demás. Jugar y no competir. Aprender jugando. Cooperar entre los jugadores/as.

Juegos de percepción rítmica

A buscar pareja

Tipo de juego: Habilidades perceptivas: Percepción espacial y ritmo.

Edad recomendada: A partir de 6 años.

Objetivo: Desarrollar el sentido rítmico.

Contenidos:
 Procedimentales: Ejecución de movimientos, saltos, desplazamientos al ritmo de la música .
 Actitudinales: Desinhibición.

Dificultad: Media.   **Intensidad:** Media.   **Nº de jugadores:** 21.

Material: Un equipo de música con música de diferentes tonalidades.

Espacio: Sin determinar.

Descripción del juego: Con todos los participantes formamos dos grupos que adoptarán una disposición circular. Los del círculo exterior (11 participantes) efectuarán un desplazamiento en un sentido mientras los del círculo exterior efectuarán el desplazamiento en el sentido contrario. Estos desplazamientos van acompañados de la música. Cuando ésta se detenga los participantes deberán ir a buscar un compañero del otro grupo para situarse en parejas.

Variantes: Formamos tríos, grupos de cuatro, etc.

El que quede sin pareja deberá marcar el ritmo o los movimientos a efectuar. El resto deberán imitarle.

Colocarse a caballo, entre las piernas, etc. del compañero.

Observaciones:

Juegos de percepción rítmica

Te he visto

Tipo de Juego: Velocidad.

Edad recomendada: 14-16 años.

Objetivo: Conocer los alumnos/as del grupo a la vez que desarrollamos la velocidad.

Contenidos:
   Conceptuales: Conocer los distintos tipos de velocidad.
   Procedimentales: Desarrollar la velocidad a través de distintos juegos.
   Actitudinales: Que el niño/a sea capaz de una mejor socialización.

Dificultad: Media.   **Intensidad:** Media.   **Nº de jugadores:** Individual.

Material: Colchonetas.

Espacio: Gimnasio.

Descripción del juego:

Repartimos una serie de colchonetas por el gimnasio que servirán posteriormente para esconderse los alumnos/as. Uno se la queda en un extremo de la pista, el resto de la clase se están moviendo rápidamente al compás de una música, cuando se detenga ésta han de esconderse lo más aprisa posible. El profesor/a le dirá al alumno/a que localice un alumno/a determinado.

Variantes:

Observaciones:

Juegos de percepción rítmica

El eco del mimo

Tipo de Juego: Habilidades perceptivas y expresión corporal.

Edad recomendada: A partir de 9 años.

Objetivos: Profundizar en la conducta social de los alumnos, y mejorar su conocimiento del esquema corporal y lateralidad, así como de su ritmo y percepción espacio-temporal.

Contenidos: Desarrollo de la conducta social de los alumnos, y mejora de su conocimiento del esquema corporal y lateralidad, así como de su ritmo y percepción.

Dificultad Baja.   **Intensidad:** Baja.   **Nº de jugadores:** De 20 a 30.

Material: Música enérgica.

Espacio: Pista de baloncesto o similar.

Descripción del juego:

Se hacen grupos y estos se colocan en círculo. Se pone música y uno de los componentes del grupo realiza una secuencia de movimientos, lo suficientemente despacio como para que sus compañeros puedan verlo y duplicarlo después de la forma más parecida. Se trata de un movimiento con eco, es decir el mensaje es devuelto por el grupo seguramente de forma distorsionada. A continuación lo hace el de su derecha.

Variantes:

El profesor puede proponer el tema sobre el que deben realizar los gestos (ciencia ficción, trabajos de oficina, deportes…)

Juegos de percepción rítmica

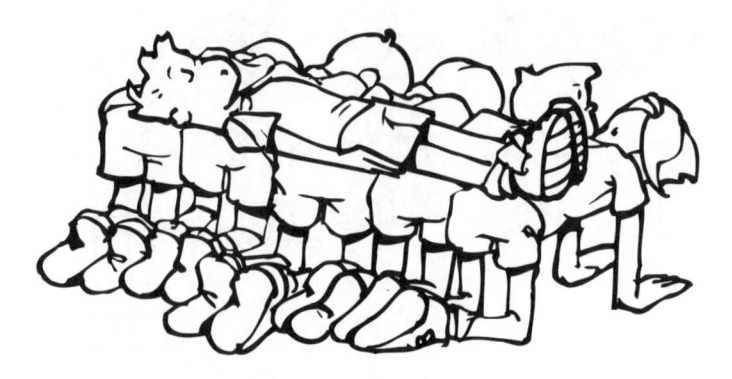

Construir

Tipo de Juego: Habilidades perceptivas y expresión corporal.

Edad recomendada: A partir de 12 años.

Objetivos: Profundizar en la conducta social de los alumnos, y mejorar su conocimiento del esquema corporal y lateralidad, así como de su ritmo y percepción temporal-espacial.

Contenidos: Desarrollo de la conducta social de los alumnos, y mejora de su conocimiento del esquema corporal y lateralidad, así como de su ritmo y percepción temporal-espacial.

Dificultad Media.   **Intensidad:** Baja.   **Nº de jugadores:** De 20 a 30.

Material: Música relajante.

Espacio: Pista de baloncesto o similar.

Descripción del juego:

Los alumnos se distribuyen en cuatro grupos, y cada uno de ellos recrea a su manera la imagen, en absoluto silencio (y escuchando la música), que el profesor da (coche de caballos, buzón, mesa y sillas). Esta debe hacerse lo más rápidamente posible (20 segundos), y el profesor la puntúa en un cuaderno, para posteriormente ofrecer una nueva imagen. Una vez finalizado el juego se cuentan las puntuaciones.

Variantes:

Una vez terminadas todas las estructuras que propongamos, podemos pedirles que repitan una en el menor tiempo posible (gana el grupo que antes la reconstruya).

Juegos de percepción rítmica

Corriendo

Tipo de Juego: Habilidades perceptivas, cualidades físicas y expresión corporal.

Edad recomendada: A partir de 10 años.

Objetivos: Desarrollar la percepción espacial, conocer las diferentes posibilidades de movimiento y respetar las reglas.

Contenidos: Desarrollo de la percepción espacial, de las diferentes posibilidades de movimiento y el respeto a las reglas.

Dificultad: Media.   **Intensidad:** Media.

Nº de jugadores: de 20 a 30.

Material: Ninguno.

Espacio: Pista de fútbol sala o similar.

Descripción del juego:

Todos corren de diferentes formas y a diferentes velocidades según indique el profesor, y siguiendo una música enérgica. Así mismo han de respetar los límites de altura y longitud marcados por los brazos del profesor:

Delimitaciones: cuando el profesor abre los brazos, ningún alumno puede traspasar la línea imaginaria que trazan los mismos. Cuando el profesor eleva su brazo con la palma de la mano mirando hacia el suelo, está indicando la altura máxima que no deben sobrepasar los alumnos.

Observaciones: Es conveniente que la progresión empiece, con una carrera a diferentes intensidades, y cambios de ritmo para posteriormente acelerarla e incluir las delimitaciones. Se les puede acorralar al final de los límites del campo pidiéndoles que corran lo más rápido que puedan a la altura de la cadera y delimitando mucho el espacio

Juegos de percepción rítmica

Cocacola, naranja, limón, café y gaseosa

Tipo de Juego: Rítmico y de velocidad de reacción.

Edad recomendada: Desde 3 años hasta 12 años.

Objetivos : Mejorar la atención. Desarrollar la percepción espacio- temporal. Mejorar la respuesta a un estímulo auditivo.

Contenidos:
   Coceptuales: Conocer la mecánica del juego.
   Procedimentales: Responder a un estímulo auditivo de forma rápida. Coordinacón de movimientos.
   Actitudinales: Participar activamente en el juego. Confianza en las propias posibilidades.

Dificultad Baja.   **Intensidad:** Baja.   **Nº de jugadores:** entre 4 y 16 por grupo.

Material: Ninguno.

Espacio: Cualquiera.

Descripción del juego:

El juego consiste en disponerse los jugadores/as en un espacio cualquiera, puede ser un patio, un porche , una sala de usos múltiples etc... y uno de ellos/as hace de monitor y a su voz y siguiendo las siguientes reglas , los jugadores/as deben realizar diversos movimientos de tal forma que el que se equivoque de movimiento o lo realice el último a juicio del monitor se va eliminando.

Reglas: A la voz de COCACOLA : todos los jugadores/as deben sentarse en el suelo.

LIMÓN : Hay que saltar sin parar. GASEOSA : deben de tumbarse en el suelo boca arriba. CAFÉ : se sitúan de rodillas. NARANJA : bailar sin parar.

Variantes: Se pueden inventar más movimientos asociados a nombres de bebidas, con lo cual se va complicando más el juego.

Observaciones: Los valores que más se ponen de manifiesto en este juego son los relacionados con la educación cívica como son: Comportamiento adecuado.

Aprenden a perder con naturalidad. Aceptación de las propias posibilidades y de los demás. Respeto a los demás.

Juegos de percepción rítmica

Los aros musicales

Tipo de Juego: Habilidades perceptivas: tiempo y ritmo.

Edad recomendada: De 6 a 12 años, pero puede resultar más apropiado de 6 a 8.

Objetivo: Tomar conciencia de la organización y estructuración del tiempo a través de la sincronización sensoriomotriz y la captación de estructuras rítmicas.

Contenidos:
    Conceptuales: Captación de estructuras rítmicas.
    Procedimentales: Realización de movimientos de forma rítmica.
    Actitudinales: Respeto a las posibilidades de los compañeros indiferentemente de sus capacidades de movimiento.

Dificultad Media-baja.   **Intensidad:** Media.   **Nº de jugadores** Toda la clase.

Material: Aros, tantos como jugadores menos uno, y un pandero.

Espacio: Un espacio amplio, puede ser exterior o interior.

Descripción del juego:

En el gimnasio o en la pista habrá repartidos de forma desordenada por el suelo tantos aros como jugadores menos uno. El maestro golpeará el pandero con ritmos diferentes y los jugadores tendrán que desplazarse según ese ritmo marcándolo con los pies o con cualquier otra parte del cuerpo que quieran o les sea indicada. Cuando el maestro pare de golpear, todos los jugadores tendrán que entrar en un aro, el que no lo consiga, pasará a golpear el pandero con otro ritmo diferente.

Variantes: Algunas variantes podrían ser, jugar por parejas (cada dos en un aro), con el fin de trabajar la cooperación entre compañeros; o bien que cada vez que se cambia de ritmo, el niño /a encargado de tocar el pandero indique como lo deben de marcar los compañeros.

Observaciones: Es importante indicarle a los niños / as que no solo es importante conseguir entrar en el aro, sino que es igual de importante marcar el ritmo con la parte del cuerpo indicada.

Juegos de percepción sensorial

Los animales

Tipo de Juego: Percepción sensorial.

Edad recomendada: De 6 a 8 años.

Objetivo: Utilizar los recursos expresivos del cuerpo para la representación e imitación de modelos.

Contenidos:

    Conceptuales: La simulación e imitación de animales. El movimiento expresivo.

    Procedimentales: Imitación e identificación de los animales propuestos. Proposición de los animales a imitar.

    Actitudinales: Vivir la expresividad como un medio de relación con el mundo. Incluir a los otros en las propuestas propias.

Dificultad: Media.   **Intensidad:** Baja.   **Nº de jugadores:** Grupos de 6 u 8.

Material: Sin material.

Espacio: Superficie plana y distribuidos libremente por el espacio.

Descripción del juego:

El juego comienza con los grupos reunidos pensando que animal van a construir. Continua construyendo el animal que deberán exponer al resto de los grupos. Acaba en el momento que el resto de los grupos intentan adivinar el animal que ha hecho cada grupo y eligen al mejor construido.

Variantes: Puede variar la temática.

Observaciones: Juego que exige un alto grado de implicación cooperativa.

Juegos de percepción sensorial

Simón dice...

Tipo de Juego: Percepción sensorial.

Edad recomendada: De 9 a 12 años.

Objetivo: Favorecer y estimular la velocidad de ejecución motriz.

Contenidos:
  Conceptuales: Las partes y los segmentos corporales: concienciación y representación global.
  Procedimentales: Imitar movimientos de otros compañeros. Combinación rápida de posiciones, orientaciones, desplazamientos según señales dadas. Favorecer el ajuste y control neuromotor.
  Actitudinales: Toma de conciencia de la atención y concentración como elemento clave en el desarrollo del juego.

Dificultad: Media.   **Intensidad:** Baja.

Nº de jugadores: Es válido grupo reducido, grupo medio o gran grupo.

Material: Sin material.

Espacio: Amplio para colocarse de forma adecuada.

Descripción del juego:

El juego comienza con los jugadores alineados y "Simón"(puede ser el profesor o un niño/a) enfrente de ellos. Continua cuando "Simón" va diciendo acciones (órdenes) para que las ejecuten los demás, pero únicamente se deben realizar si se antepone a la acción motriz "Simón dice... manos a la cabeza". Si la acción se hace cuando no se antepone "Simón dice" el jugador o jugadores abandonan el juego. Acaba, bien, en el momento que son todos eliminados o solamente queda un jugador.

Reglas: Los jugadores deben mirar a Simón. Simón puede engañarles diciendo una acción y él a la vez realiza otra o la contraria para equivocarles. Los jugadores que se equivocan abandonan el juego.

Variantes: Se puede aumentar la dificultad introduciendo el matiz de realizar lo contrario que dice Simón.

Observaciones: En el gran grupo debe haber colaboradores que ayuden a "Simón" para controlar quien se equivoca.

Juegos de percepción sensorial

El príncipe, la princesa y el monstruo

Tipo de Juego: Percepción sensorial.

Edad recomendada: De 6 a 8 años.

Objetivo: Explorar y experimentar las posibilidades corporales sensoriales: vista, tacto y oído.

Contenidos:

    Conceptuales: Los sentidos: conocimiento, identificación y uso.

    Procedimentales: Concentración y atención en la realización de la tarea. Exploración de las capacidades perceptivo-motrices.

    Actitudinales: Aceptar el papel que le corresponde como jugador en la práctica del juego.

Dificultad: Media.   **Intensidad:** Baja.   **Nº de jugadores:** Grupos de 3.

Material: Un pañuelo y una pelota.

Espacio: Amplio para poderse distribuir.

Descripción del juego:

El juego comienza con la princesa sentada en el suelo con una pelota en el regazo, el monstruo de pie con los ojos tapados y el príncipe delante de ambos. Continua cuando el príncipe intenta rescatar a la princesa cogiéndole la pelota sin ser tocado por el monstruo. Acaba, en el momento que el príncipe rescata a la princesa o si el monstruo toca al príncipe, éste pasa a ser princesa la cual pasa a ser monstruo y éste se convierte en príncipe.

Reglas: No está permitido hablar para distraer al monstruo.

Variantes: Se puede aumentar la dificultad colocando dos monstruos.

Observaciones: Se debe mantener durante el juego un alto grado de silencio.

Juegos de percepción sensorial

Los nudos

Tipo de Juego: Habilidades perceptivas (percepción del cuerpo en movimiento).

Edad recomendada: De 10 a 12 años.

Objetivo: Toma de conciencia de la independencia de la parte superior e inferior del cuerpo y sus posibilidades de acción.

Contenidos:

    Conceptuales: Disociación segmentaria. La actitud postural.

    Procedimentales: Disociación de movimientos entre los miembros inferiores y superiores en diferentes posturas y equilibrios. Percepción de la movilidad de la cintura escapular y pélvica en diferentes posturas. Desarrollo de la flexibilidad y elasticidad de las diferentes partes del cuerpo.

    Actitudinales: Valoración crítica de las posibilidades y limitaciones del propio cuerpo y el de los demás con respeto y responsabilidad.

Dificultad: Alta.   **Intensidad:** Media.   **Nº de jugadores:** Grupos de 6 ó 7.

Material: Sin material.

Espacio: Distribuidos libremente por grupos de 6 o 7 jugadores.

Descripción del juego:

El juego comienza con los jugadores dispuestos en círculo cogidos de la mano, excepto un jugador que no puede ver lo que hace el resto. Continua, en el momento que los jugadores deben enredarse entre ellos, haciendo un nudo lo más complicado y difícil que se pueda. Acaba, cuando el jugador que no veía debe intentar desenredar paso a paso el nudo del grupo hasta su posición inicial.

Reglas: Los jugadores del grupo no pueden soltarse de las manos.

Variantes: Puede haber dos jugadores que se encarguen de desenredar el nudo.

Observaciones: Si se realiza el juego con alumnos-as del primer y segundo ciclo de Primaria hay que procurar que no hagan "enredos" que puedan provocar alguna lesión.

Juegos de percepción sensorial

Abejorro

Tipo de Juego: Habilidades perceptivas. Percepción sensorial.

Edad recomendada: 8 - 12 años.

Objetivo: Afianzar la orientación espacial.

Contenidos:

Conceptuales: Trabajo de la velocidad de reacción, orientación espacial, cooperación y percepción sensorial.

Procedimentales: Estudio de las distintas fases de la velocidad. Utilización de los sentidos en situaciones diferentes de juego. Valoración del os resultados fruto del trabajo cooperativo.

Actitudinales: Adecuación de la fuerza a la situación de juego. Valoración de las consecuencias negativas por un mal empleo de la misma.

Dificultad: Baja.   **Intensidad:** Media.   **Nº de jugadores:** Grupos de 5-6.

Material: Sin material.

Espacio: Reducido.

Descripción del juego:

Se realiza un círculo y uno se la queda dentro de él. El que se la queda se pone la mano en la cara y dice: "Abejorro". En este momento el círculo se va cerrando y acercándose al que se la queda que sigue teniendo los ojos cerrados. El corro va dando vueltas alrededor de él y uno del grupo le da un capón suave y después dice el del centro quien cree que ha sido quien le ha golpeado. Si acierta se la queda, si no, sigue quedándosela él por lo que el juego comienza de nuevo.

Variantes: El que es descubierto, se incorpora al centro con el que estaba con grupos más numerosos.

Observaciones: Tapar los ojos de los alumnos que se la quedan con una venda y que el círculo vaya dando vueltas a medida que se va cerrando, mejora el juego.

Juegos de percepción sensorial

Gorigori

Tipode juego: Habilidades y destrezas básicas. Desplazamientos.
Edad recomendada: 6-12 años.
Objetivo: Desarrollar la velocidad de reacción.

Contenidos:

    Conceptuales: La velocidad. La coordinación. Los desplazamientos.

    Procedimentales: Realización de movimientos que integren cualesquiera de los tres ejes: longitudinal, transversal y anteroposterior. Adopción de distintas posiciones como medio para desarrollar un mejor control postural.

    Actitudinales: Desarrollo y mejora de las relaciones con los demás mediante la interacción en el juego.

Dificultad: Baja.   **Intensidad:** Media.   **Nº de jugadores:** Grupos de 5-6.
MateriaIL: Sin material.
Espacio: Reducido.
Descripción del juego:

El que se la queda se sitúa inclinado hacia delante y el resto de jugadores le acarician la espalda diciendo ¡gorigori, gorigori!. Este que se la queda podrá decir distintas claves que indican a los demás lo que deben hacer rápidamente antes de que les pille:

    o chorizo colgante: todos deben situarse con los pies en alto.
    o chorizo al suelo: todos boca abajo
    o la cadena: se agarran todos de la cintura y tiran, el que se suelte se la queda.
    o los piojos: rascan la cabeza del que se la queda.
    o el castillo: deben ponerse de pie con los brazos y golpeando suavemente con un pie la pared.

o el molino: el que se la queda abre los brazos y empieza a dar vueltas.

Se la quedará el que sea capturado o golpeado según las distintas situaciones.

Variantes: No tiene.
Observaciones: Respetar las claves que se van diciendo.

Juegos de percepción sensorial

La corriente eléctrica

Tipo de juego: Habilidades perceptivas. Percepción sensorial.

Edad recomendada: 8-12 años.

Objetivos: Agudizar la percepción sensorial.

Contenidos:

    Conceptuales: Orientación. Agilidad visual. Cooperación.

    Procedimentales: Realización de ejercicios tendentes a desarrollar todos los sentidos, prestando especial atención al sentido del tacto.

    Actitudinales: Fomento de la desinhibición, mediante el contacto directo con compañeros de distinto sexo.

Dificultad: Baja.   **Intensidad:** Baja.   **Nº de jugadores:** Los que se quiera.

Material: Sin material.

Espacio: Reducido.

Descripción del juego:

Se realiza un círculo de niños de pie o sentados y con las manos cogidas. Dentro de él se sitúa el que se la queda. Comienza el juego indicando que se va a mandar un mensaje en forma de corriente a un jugador. El juego consiste en ir dando apretones de manos a los compañeros para que esa "corriente" llegue a su destino sin que el jugador del centro averigüe por donde va. En caso de que lo note, el jugador que ha sido localizado pasándola, es el que ocupará el lugar del centro.

Si la corriente llega a su destino, el destinatario hará saber que le ha llegado el mensaje y éste ahora indicará que va a mandar otro mensaje.

Variantes: No tiene.

Observaciones:

Es interesante empezar quedándosela el profesor para que vean el mecanismo del juego. Dar apretones de manos con cierta fuerza para que haya posibilidades de ser descubiertos, acompañándolos de movimientos de cabeza simultáneos hace que el juego sea más divertido.

Juegos de percepción sensorial

Mi burrito

Tipo de Juego: Perceptivo motriz.

Edad recomendada: A partir de 6 años.

Objetivo: Desarrollar las habilidades percivo - motrices. Trabajar los desplazamientos. Trabajar con las sensaciones propioceptivas.

Contenidos: Desplazamientos. Habilidades perceptivas.

Dificultad: Media.   **Intensidad:** Media.   **Nº de jugadores:** Toda la clase.

Material: Ninguno.

Espacio: Gimnasio.

Descripción del juego:

Un niño cierra los ojos y otro se coloca detrás de él cogiendole las orejas.

De mutuo acuerdo se establece un código de señales, según le tire de una u otra oreja, el de delante se moverá hacia el lugar acordado.

Variantes:

En vez de coger de las orejas de los hombros y son submarinos con bombas a una señal determinada son expulsadas para derribar a otros submarinos que haya en el gimnasio.

Coordinar brazos y pies cada cierto número de tirones

En vez de agarrar el de atrás guía al ciego con consignas verbales.

Observaciones:

Tapar al de adelante los ojos con una venda para evitar que los abra.

El director de orquesta

Tipo de juego: Habilidades perceptivas.

Edad recomendada: Toda primaria.

Objetivo: Desarrollar la percepción sensorial y el ritmo. Desarrollar la coordinación dinámica general.

Contenidos :
   Conceptuales: Formas y posibilidades de movimiento y ritmo.
   Procedimentales: Control y dominio motor corporal desde un planteamiento previo de la acción. Observación del movimiento de los compañeros.
   Actitudinales: Aceptación del rol que corresponde a cada alumno en el juego. Participación activa.

Dificultad: Baja.   **Intensidad:** Baja.   **Número de jugadores:** Gran grupo.

Material: Ninguno.

Espacio: Cualquiera.

Descripción:

Todos los alumnos hacen un círculo salvo uno que se va lejos sin mirar. Uno del círculo es el director de la orquesta asignado por consenso. El director comienza a hacer un movimiento como puede ser dar palmas, tirarse de una oreja... y el resto del círculo le imita haciendo el mismo movimiento. En ese instante entra dentro del círculo el alumno que no sabe quien es el director de la orquesta y su misión es adivinarlo, percatándose de quién cambia primero de gesto. El director cambia de gesto cuando quiere y lo tiene que hacer disimuladamente y el resto le sigue imitando. El que se la liga puede equivocarse 2 veces al decir quien cree que es el director, a la tercera vez se la vuelve a ligar y el grupo asigna a un nuevo director.

Si adivina quien es el director pasa a ligársela éste.

Variantes: Que se la liguen dos directores a la vez. Que no exista un director, y que cada uno del círculo haga un gesto alternando una vez cada uno.

Observaciones: Es bueno que el profesor anime a los alumnos más inhibidos a ser los directores tomando la iniciativa de ser ellos quienes cambien y creen nuevos gestos.

Juegos de percepción sensorial

El lazarillo

Tipo de juego: Habilidades perceptivas: percepción espacial con la carencia de un sentido (el visual).

Edad recomendada: De 10-12 años hasta los 16 años.

Objetivos: Fomentar la colaboración y la cooperación entre los distintos alumnos que integran una clase. Concienciar a los alumnos para que respeten a personas con una deficiencia física (en este caso visual), experimentando sus sensaciones y miedos durante el movimiento. Experimentar sensaciones kinéticas nuevas.

Contenidos:
   Conceptuales: La visión y su importancia para el movimiento. La discapacidad física
   Procedimentales: Utilización de todos los sentidos menos el visual para desplazarnos por el espacio. Adaptación de nuestra percepción a nuevas sensaciones
   Ejercitación de la confianza en otros compañeros
   Actitudinales: Valoración de la situación de personas con alguna deficiencia física
   Mostrar una actitud de responsabilidad durante la actividad. Aceptación de la existencia de percepciones corporales que raramente se experimentan

Dificultad: Baja.   **Intensidad:** Baja.   **Nº de jugadores:** 20/30 alumnos.

Material: Pañuelos.

Espacio: Gimnasio.

Descripción del juego: Se divide al grupo en parejas, cada pareja deberá tener un pañuelo. El miembro de la pareja sin pañuelo desplazará a su compañero por el espacio, sujetará a este por la mano e irá guiándolo para que no choque con nada ni nadie. Cuando pasen de 5-7 minutos intercambiaran sus roles.

Variantes: Se puede realizar la misma actividad pero en esta ocasión el lazarillo llevará a su compañero trotando, para que su desplazamiento se realice a más velocidad y las sensaciones sean más fuertes.

Observaciones: Es conveniente poner una música de fondo tranquila para amenizar la actividad. No olvidar que se tiene que tener mucho cuidado durante toda la práctica para que nadie se haga daño, por ello hay que mantener al grupo siempre bajo control. Es muy útil al final de la sesión unos minutos para que cada alumno explique sus sensaciones durante la práctica.

Juegos de percepción sensorial

El Airbag

Tipo de juego: Habilidades perceptivas: percepción espacial con la carencia de un sentido (en este caso el visual).

Edad recomendada: Desde los 10 hasta los 16 años.

Objetivo: Fomentar la confianza en el grupo-clase. Experimentar sensaciones propioceptivas nuevas. Trabajar la autoconfianza en los movimientos realizados sin un sentido a una alta velocidad.

Contenidos:
   Conceptuales: La discapacidad física. La autoconfianza
   Procedimentales: Ejercitación de la confianza en todo un grupo de compañeros. Realización de una actividad a una alta velocidad. Desarrollo de la capacidad de sentir el movimiento sin la visión.
   Actitudinales: Mostrar respeto hacia las personas con algún tipo de minusvalía física. Participar activamente en las actividades siguiendo todas las medidas de seguridad.

Dificultad: Media.   **Intensidad:** Media-alta.   **Nº de jugadores:** 20/30.
Material: 4 pañuelos.
Espacio: Gimnasio o pista deportiva.

Descripción del juego:

Se colocarán a 4 alumnos con los ojos vendados en la mitad de una pista de baloncesto, balonmano... o similar. Deberán salir corriendo a una alta velocidad hasta el fondo de la pista donde todos los alumnos colocados horizontalmente los frenaran cogiéndoles por los brazos. Se irán cambiando los ejecutantes para que todos pasen por la actividad.

Variantes: En este juego se pueden ir variando las velocidades de ejecución o ampliar la distancia hasta el airbag que forman los alumnos.

Observaciones: Si el grupo es poco numeroso se reduce el número de alumnos que salen desde el centro de la pista. Siempre hay que mantener una distancia de seguridad con las paredes que rodean a la pista, o con cualquier obstáculo que se encuentre cercano a donde se realiza la actividad. Es conveniente comentar lo experimentado al final de la clase.

Juegos de percepción sensorial

Sigue a la madre

Tipo de juego: Habilidades perceptivas: Percepción espacial. Habilidades y destrezas básicas: Desplazamientos, saltos…

Edad recomendada: A partir de 6 años.

Objetivo: Conocer juegos de otras culturas.

Contenidos:
    Procedimentales: Experimentación y ejecución de juegos de otras culturas.
    Actitudinales: Respeto y aceptación de los juegos tradicionales de otras culturas.

Dificultad: Baja.   **Intensidad:** Alta, media o baja en función de la "madre".

Nº de jugadores: 7 a 10.

Material: Sin material.

Espacio: Polideportivo.

Descripción del juego:

Formamos una hilera cogidos de los hombros del compañero de delante. El primero de la fila será la "madre". El resto debe efectuar los gestos movimientos y forma de desplazamiento de la madre.

Variantes:

Efectuar dos filas con dos madres. Pueden buscar complicar el desplazamiento pasando por debajo del otro grupo saltándolos, etc.

Observaciones:

Juegos de percepción sensorial

La escena

Tipo de juego: Habilidades perceptivas: Percepción espacial o sensorial.

Edad recomendada: A partir de 12 años.

Objetivo: Desarrollar la cooperación grupal así como la creatividad.

Contenidos:
    Procedimentales: Ejecución de figuras expresivas.
    Actitudinales: Aceptación de la creatividad del grupo. Colaboración grupal y cooperación.

Dificultad: Baja.   **Intensidad:** Baja.   **Nº de jugadores:** Grupos de 8.

Material: Sin material.

Espacio: Polideportivo.

Descripción del juego:

El grupo numerado de 1 al 8. El profesor va diciendo números, los cuales van saliendo a formar una escena o representación. No está permitido decir la escena que van a montar, es decir, será el jugador tal y como va desplazándose hacia el grupo el que decidirá que postura adquirir. Ganará el juego aquel grupo que consiga escenificar una representación original y con significado.

Variantes:

Los grupos sin numerarlos, es decir, el jugador saldrá cuando se le ocurra una posición.

Observaciones:

Juegos de percepción sensorial

La risa

Tipo de juego: Habilidades perceptivas: Sensorial.

Edad recomendada: A partir de los 8 años.

Objetivo: Favorecer el bienestar grupal.

Contenidos:
   Conceptuales: Beneficios de la risa.
   Procedimentales: Ejecución de picarescas con la finalidad de fomentar la risa.
   Actitudinales: No marginar ni imitar gestos despectivos del grupo.

Dificultad: Media.   **Intensidad:** Baja.   **Nº de jugadores:** Más de 8 jugadores.

Material: Pañuelos, pelotas, etc.

Espacio: Polideportivo.

Descripción del juego:

Una pareja de jugadores tratará de provocar la sonrisa del resto de compañeros los cuales permanecen sentados en círculo (cara a cara). Cuando un jugador sonría colaborará con la pareja de jugadores para conseguir las risas del resto del grupo. Ganará aquel que consiga mantener la seriedad a lo largo de todo el juego. Esta prohibido el contacto físico con el resto de participantes.

Variantes:

Los dos primeros jugadores que sonrían pasarán a parar.

Observaciones:

No está permitido efectuar gestos que puedan sentar mal a algún miembro del grupo.

Juegos de percepción sensorial

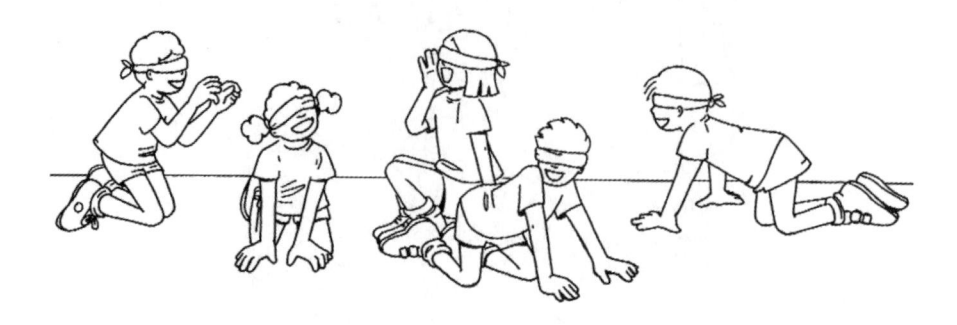

Mi pareja o Los animales

Tipo de juego: Habilidades perceptivas: Percepción espacial, equilibrio, rítmico o sensorial. Habilidades y destrezas básicas: Lanzamiento y recepción, desplazamientos o saltos. Cualidades físicas: Fuerza, tiempo de reacción, velocidad o resistencia.

Edad recomendada: A partir de 6 años.

Objetivo: Desarrollar los sentidos y cooperar.

Contenidos:

Conceptuales: Conocer los diferentes animales de granja, de la selva, del mar, etc. así como sus sonidos.

Procedimentales: Ejecución de los sonidos de los animales.

Actitudinales: Aceptación e imitación del rol animal adjudicado.

Dificultad: Media.   **Intensidad:** Baja.   **Nº de jugadores:** 14 o más jugadores.

Material: Telas o pañuelos para vendar los ojos.

Espacio: Polideportivo.

Descripción del juego:

Distribuimos a todos los alumnos con los ojos vendados por el espacio. A cada alumno le adjudicaremos un rol animal, aunque habremos de adjudicar a uno el rol masculino y al otro el femenino. Por ejemplo, el gato y la gata. Cada animal deberá encontrar a su pareja, la cual podrá identificar por el sonido característico.

Variantes:

Personajes conocidos: Por ejemplo, Tarzan y Jeni; Coyote con el Corre Caminos…

Juegos de percepción sensorial

¿Dónde estás?

Tipo de juego: Habilidades perceptivas: Sensorial, concretamente la parcela auditiva.

Edad recomendada: De 6 a 12 años.

Objetivo: Desarrollar la atención, percepción, discriminación auditiva.

Contenidos:
   Conceptuales: Conocer las normas del juego y el papel a desempeñar en cada momento.
   Procedimentales: Realizar desplazamientos rápidos en función de los estímulos auditivos para alcanzar el objetivo.
   Actitudinales: Respetar las normas del juego y aceptar el resultado final sea positivo o negativo.

Dificultad: Media.

Intensidad: Baja.

Nº de jugadores: Juega toda la clase en un corro, aunque salen a participar de 2 en 2.

Material: Dos pañuelos.

Espacio: Pista al aire libre o gimnasio.

Descripción del juego:

Todos los niños/as de la clase se sientan formando un corro, el maestro escoge a 2 de toda la clase y les coloca a ambos un pañuelo en los ojos y se colocan a gatas. Uno de los dos jugadores con los ojos tapados deberá pillar al otro compañero con la única ayuda de su voz preguntándole: "¿Dónde estás?" Y el otro compañero con los ojos tapados dirá "¡Aquí!". A partir de este momento cada uno se moverá a gatas en función de las señales auditivas que le llegan.

Variantes: Se pueden hacer varios corros para aumentar la participación de los alumnos/as y manteniendo las mismas normas.

Observaciones: Ninguno de los dos niños/as con los ojos tapados podrá salirse del grupo y siempre se tendrán que desplazar a gatas.

Juegos de percepción sensorial

El maniquí

Tipo de Juego: Habilidades perceptivas: sensorial y equilibrio estático.

Edad recomendada: 6-8 años.

Objetivos: Experimentar las posibilidades de movimiento de los segmentos corporales. Desarrollar el equilibrio estático.

Contenidos:

Conceptuales: Conocimiento de las posibilidades de movimiento de los distintos segmentos corporales.

Procedimentales: Observación y utilización de los segmentos corporales en situaciones de juego. Observación y experimentación del equilibrio estático en situaciones de juego.

Actitudinales: Colaboración en los juegos propuestos.

Dificultad: Media.   **Intensidad:** Baja.   **Nº de jugadores:** Indefinido.

Material: Ninguno.

Espacio: Pista polideportiva o gimnasio.

Descripción del juego:

Los alumnos/as se colocan en parejas. Uno de ellos/as hace de maniquí y dejará que su compañero/a le coloque en la postura que desee como si estuviera en un escaparate de una tienda de ropa. Al tiempo cambian los papeles.

Variantes: Imaginándonos que somos espantapájaros colocados en el campo o estatuas de un museo de la ciudad.

Observaciones: Representación gráfica:

Juegos de percepción sensorial

El tunel ciego

Tipo de Juego: Perceptivo (percepción auditiva y espacial).

Edad recomendada A partir de los 6 años.

Objetivo: Mejorar la percepción auditiva y espacial (educación en valores).

Contenidos:
    Conceptuales: Percepción auditiva y espacial.
    Procedimentales: Discriminación auditiva y orientación espacial con ayuda de compañeros.
    Actitudinales: Confianza en los demás.

Dificultad Media-baja.   **Intensidad:** Baja.   **Nº de jugadores** Todo el grupo.

Material: Tiras de tela para tapar los ojos y una pelota.

Espacio: Patio o gimnasio.

Descripción del juego:

Se divide al grupo en dos subgrupos. Un niño de cada grupo se tapa los ojos y otro será el guía de cada uno de ellos. Estos guías y el resto de niños permanecerán sentados formando dos filas enfrentadas con una distancia entre ellas de 3 ó 4 metros. Los niños que tienen los ojos tapados se colocarán de pie al inicio de las filas enfrentadas y la pelota se colocará al final, de manera que tendrán que pasar por el centro hasta llegar a donde está la pelota y cogerla. El primero que la coja, gana. Sólo podrán hablar los guías.

Variantes:

Todos los niños pueden guiar a los compañeros. También, se puede colocar a más de dos niños con los ojos tapados.

Observaciones:

Es importante que los niños permanezcan sentados, si a caso, se podrá levantar el guía.

Juegos de percepción sensorial

Corros y abrazos

Tipo de Juego: Percepción sensorial.

Edad recomendada A partir de 6 años.

Objetivo: Favorecer la coeducación y las relaciones interpersonales (educación en valores).

Contenidos:
    Conceptuales: Coeducación. El movimiento y la relación con los demás. Canciones populares.
    Procedimentales: Práctica de canciones populares y tradicionales.
    Actitudinales: Relación espontánea con los demás (ambos sexos).

Dificultad Baja.   **Intensidad:** Baja.

Nº de jugadores Todo el grupo dividido en dos.

Material: No hace falta.

Espacio: Patio o gimnasio.

Descripción del juego:

Cada subgrupo se organiza en círculo, cogidos de las manos y cantando una canción popular (por ejemplo: el corro de la patata). A cada niño / a de un subgrupo se le asigna un número. En el otro subgrupo hacemos lo mismo. Y cuando el profesor / a diga un número, los niños / as asignados con ese número de ambos subgrupos correrán para darse un abrazo. Y después volvemos a empezar. Una vez que hayan sido dichos todos los números, se puede volver a asignar números diferentes.

Variantes: Se puede hacer directamente un subgrupo de niñas y otro de niños.

Observaciones: No hay ganadores ni perdedores. Hay que animar a los niños / as para que cuando le toquen abrazarse un niño con una niña no se echen atrás. A los niños / as les suele gustar este juego (más a los del primer y segundo ciclo), pero hay que intentar motivarlos y animarlos previamente.

San Juan, San Pedro

Tipo de Juego: Rítmico o sensorial (ideal para la parte final de la sesión).
Edad recomendada A partir de 8 años.
Objetivo: Favorecer la cooperación intergrupal y mejorar las relaciones.
Contenidos:
   Conceptuales: Canciones. Relación entre ritmo y movimiento.
   Procedimentales: Adecuación de movimientos corporales a diferentes ritmos.
   Actitudinales: Cooperación grupal.
Dificultad Baja.   **Intensidad:** Baja.   **Nº de jugadores** Todo el grupo.
Material: No hace falta.
Espacio: Patio o gimnasio.
Descripción del juego:

Todos los niños / as se sientan formando un círculo y se quitan una zapatilla. El juego consiste en cantar una canción a la vez que van pasando la zapatilla, rítmicamente, al compañero de la derecha. La letra de la canción es la siguiente:

San Juan, San Pedro, San pedro, San Juan.
....
Desde Córdoba a Sevilla han cruzado una pared, pared, pared,
Con un letrero que dice por aquí no pasa el tren, el tren, el tren.
....
Ahora comenzaría otra vez.

Variantes: Se puede utilizar otro objeto que no sea una zapatilla.

Observaciones: Debemos comenzar muy despacio para que los niños / as vayan asimilando la canción y el procedimiento del juego. Lo normal es que se acumulen muchas zapatillas en algunos niños/as.

El perro y los gatos

Tipo de Juego: Habilidades perceptivas y expresión corporal.

Edad recomendada: a partir de 6/7 años.

Objetivos: Profundizar en la conducta social de los alumnos, y mejora de su conocimiento del esquema corporal y lateralidad, así como de su ritmo y percepción temporal-espacial.

Contenidos: Mejora de la conducta social de los alumnos, y de su conocimiento del esquema corporal y lateralidad, así como de su ritmo y percepción temporal-espacial.

Dificultad media.   **Intensidad:** media.   **Nº de jugadores:** de 20 a 30.

Material: tres vendas para los ojos.

Espacio: pista de baloncesto o espacio de similar tamaño.

Descripción del juego:

Se distribuyen en tres grupos, y se selecciona y venda los ojos a un componente de cada grupo que hará de perro y sus compañeros de gatos. Desplazamiento a gatas. Al ladrido del "perro" los gatos deberán advertir de su situación mediante un maullido para posibilitar la persecución del "perro ciego".

Variantes: Tanto los gatos como el perro deberán tener los ojos vendados.

Observaciones: Advertir de posibles confusiones fortuitas al perro. Delimitar una zona pequeña de actuación.

Juegos de percepción sensorial

La sopa de números

Tipo de Juego: Habilidades perceptivas y expresión corporal, destrezas básicas y cualidades físicas.

Edad recomendada: a partir de 8 años.

Objetivos: Profundizar en la conducta social de los alumnos, y mejora de su conocimiento del esquema corporal y lateralidad, así como de su ritmo y percepción temporal-espacial.

Contenidos: Desarrollo de la conducta social de los alumnos, y mejora de su conocimiento del esquema corporal y lateralidad, así como de su ritmo y percepción temporal-espacial.

Dificultad Media.   **Intensidad:** Alta.   **Nº de jugadores:** de 20 a 30.

Material: Un balón blando por grupo.

Espacio: Espacio amplio.

Descripción del juego:

Se forman grupos de cinco, los cuales se colocan sobre una línea, y numerados del uno al cinco. El profesor indica un número, por ejemplo el 134, y los componentes del grupo con los números 1,3 y 4 deben correr hacia delante a coger un balón situado a cinco metros de ellos. El que lo coja debe lanzarlo contra los otros dos. Para salvarse se debe llegar a otra línea de enfrente.

Variantes: Se debe correr a por el balón a la pata coja, saltando a pies juntos…

Observaciones: Es preferible que se juegue en una pista cerrada, para evitar que los balones se dispersen demasiado y se pierda dinamismo y tiempo en su recuperación

Juegos de percepción sensorial

El cangrejo

Tipo de Juego: Habilidades perceptivas: Sensorial y de Orientación espacial.

Edad recomendada: A partir de 6 años.

Objetivo: Mejorar la orientación espacial.

Contenidos:
    Conceptuales: Orientación en el espacio.
    Procedimentales: Apreciación de distancias.
    Actitudinales: Respeto en el orden de participación.

Dificultad Media.   **Intensidad:** Baja.   **Nº de jugadores** Toda la clase.

Material: Tiza y una cinta para tapar los ojos.

Espacio: Un espacio abierto o cerrado.

Descripción del juego:

Se traza en el suelo una línea de longitud variable, y otras dos perpendiculares a esta que sirven como líneas de salida y de llegada.

Un niño/a con los ojos tapados camina desde la salida, hacia atrás, intentando seguir la dirección de la línea. Cuando él cree que ha llegado al final, se detiene y se sienta y se hará una señal en ese lugar que indique hasta donde llegó. Así lo harán los demás, el que más se acerque al final sin pasarse y sin desviarse será el ganador y dirigirá el juego.

Variantes: Cambiar la forma de desplazamiento, por ejemplo: lateral, de rodillas,...

Observaciones: Para que el juego no se haga demasiado pesado y no tengan que esperar mucho todos los niños / as para participar, se podrían designar dos encargados y hacer que saliesen dos jugadores a la vez, siempre con cuidado de no chocar.

Habilidades perceptivas

Letras y palabras

Tipo de Juego: Habilidades perceptivas y expresión corporal.

Edad recomendada: A partir de 12 años.

Objetivos: Profundizar en la conducta social de los alumnos, mejorar su conocimiento de su esquema corporal y su lateralidad.

Contenidos: Profundización en la conducta social de los alumnos, y mejora de su conocimiento del esquema corporal y la lateralidad.

Dificultad Media.   **Intensidad:** Baja.   **Nº de jugadores:** De 20 a 30.

Material: Folios.

Espacio: Pista de baloncesto o similar.

Descripción del juego:

Se hacen tres equipos, y se reparte un folio a cada componente. El profesor asigna una palabra o frase a cada grupo, y estos deben dividirla en sílabas (una por folio y persona). Uno de los componentes de cada equipo se separa del grupo antes de asignar la palabra o frase y debe intentar adivinarla, una vez su grupo la haya escrito en los folios y se hayan distribuido en fila y desordenadamente. El compañero-adivinador debe reordenarlos para averiguar lo que sus compañeros han escrito. Gana el grupo que antes averigüe su palabra.

Variantes: El alumno debe averiguar la palabra o frase de otro grupo.

Observaciones: Se debe comenzar con palabras sencillas precedidas de artículos, para posteriormente añadir adjetivos, verbos…

Habilidades perceptivas

El lazo

Tipo de Juego: Habilidades perceptivas, cualidades físicas y expresión corporal.

Edad recomendada: A partir de 10 años.

Objetivos: Mejorar la capacidad de socialización del niño, desarrollar la imaginación y la creatividad y profundizar en el conocimiento de su propio cuerpo.

Contenidos: Mejora de la capacidad de socialización del niño, desarrollo de la imaginación y la creatividad y profundización en el conocimiento de su propio cuerpo.

Dificultad: Baja. **Intensidad:** Baja. **Nº de jugadores:** De 20 a 30.

Material: Ninguno.

Espacio: La mitad de la pista de baloncesto o similar.

Descripción del juego:

Los alumnos se colocan por parejas. Y uno de la pareja ata un lazo imaginario a una parte del cuerpo del otro, por ejemplo un brazo, y tira de ese lazo en diferentes direcciones, como si se tratase de una marioneta. Después lo desata y le da la cuerda a su compañero.

Variantes: Puede establecerse una tienda de lazos en una esquina de la pista, donde estará el profesor-vendedor, y donde se simulará la compra de uno o más lazos, para atar más partes del cuerpo y tirar de ellas a la vez.

Observaciones: En ningún momento se podrá hablar, y todo se deberá realizar gestualmente, para de esta forma propiciar un mayor desarrollo de la comunicación no verbal y de las posibilidades de movimiento del cuerpo.

Habilidades perceptivas

Los aparatos

Tipo de Juego: Habilidades perceptivas y la expresión corporal.

Edad recomendada: A partir de 12 años.

Objetivos: Desarrollar el esquema corporal, lateralidad, y la socialización del alumno.

Contenidos: Desarrollo del esquema corporal, lateralidad y la socialización del alumno.

Dificultad: Media. **Intensidad:** Baja. **Nº de jugadores:** de 20 a 30.

Material: Ninguno.

Espacio: Pista de fútbol sala o similar.

Descripción del juego:

Se forman grupos, y cada uno de ellos forma un aparato, cuyas piezas son los propios alumnos. Por ejemplo un teclado en el que cada alumno es una tecla, y uno las pulsa mientras hace el ruido correspondiente. Cada equipos, sale por turnos y pone en funcionamiento su aparato, mientras los demás intentan adivinar que es.

Variantes: Eel profesor propone los aparatos, exigiendo cada vez mayor número de componentes del grupo para representar más piezas del aparato.

Observaciones: La evolución que plantee del profesor deberá ser de aparatos con pocos componentes y fáciles de identificar a otros más complejos de representar (de forma tanto física como sonora).

Habilidades perceptivas

El diccionario

Tipo de Juego: Habilidades perceptivas y expresión corporal.

Edad recomendada: a partir de 12 años.

Objetivos: Profundizar en la conducta social de los alumnos, mejorar su conocimiento de su esquema corporal y su lateralidad.

Contenidos: Profundización en la conducta social de los alumnos, y mejora de su conocimiento del esquema corporal y la lateralidad.

Dificultad: Media.   **Intensidad:** Baja.   **Nº de jugadores:** de 20 a 30.

Material: Ninguno.

Espacio: Una pista de baloncesto o similar.

Descripción del juego:

El profesor distribuye la clase en dos grupos-palabra. Se les da dos minutos de tiempo para planear la palabra y practicarla. Primero sale un grupo que en 20 segundos debe formar la palabra, mientras el grupo contrario debe adivinar la palabra en quince segundos.

Variantes: Pueden hacerse objetos, que se tengan que adivinar.

Observaciones: Se pueden realizar palabras sencillas en las que cada letra sea un componente y evolucionar hacia palabras donde cada letra requiera más alumnos.

La mancha contagiosa

Tipo de Juego: Habilidades perceptivas: Esquema corporal y Organización espacial.

Edad recomendada: De 6 a 12 años.

Objetivo: Reconocer las diferentes partes del cuerpo en sí mismos y en los compañeros.

Contenidos:
   Conceptuales: Conocimiento de las diferentes partes del cuerpo.
   Procedimentales: Experimentación con el cuerpo a través del juego.
   Actitudinales: Respeto por las limitaciones de los compañeros.

Dificultad Media-baja.

Intensidad: Dependiendo de la intensidad que despierte el juego en los alumnos / as, puede ser media-alta.

Nº de jugadores Toda la clase.

Material: No es necesario.

Espacio: Cualquier espacio amplio y delimitado.

Descripción del juego:

El maestro iniciará el juego tocando una parte del cuerpo del jugador que se la queda, colocando este una mano allí donde ha sido tocado. Este trata de, tocando en cualquier parte del cuerpo de sus compañeros, extender la mancha. Los tocados pasarán a ser, a su vez, manchadores. El resto evita ser manchado. El juego terminará cuando todos formen parte de la mancha.

Variantes: Si se quiere trabajar con alguna o algunas partes del cuerpo en concreto, al comienzo del juego, el maestro / a indicará las partes que se deben de tocar.

Observaciones: Este juego se pede adaptar a diferentes edades, complicando las partes del cuerpo, por ejemplo: en el primer ciclo, podrían ser, brazo, pierna, codo, rodilla,..., mientras que en ciclos superiores serian nombres de huesos o músculos, rótula, clavícula, abdominales,...

Habilidades de lanzamientos

Pelota sentada

Tipo de juego: Habilidades y destrezas (lanzamientos/recepciones y desplazamientos).

Edad recomendada: De 10 a 12 años.

Objetivo: Desarrollar la coordinación viso-motríz y dinámica general.

Contenidos:
  Conceptuales: El pase y la recepción. El lanzamiento: precisión. Las ideas tácticas básicas.
  Procedimentales: Ejecutar estrategias de Cooperación/Oposición. Coordinar la acción de desplazamiento con lanzamientos de precisión. Experimentar el pase y la recepción en distintas situaciones y posiciones.
  Actitudinales: Respeto a sí mismo, a sus compañeros y a sus adversarios. Asumir la situación de compañero o rival según el desarrollo del juego.

Dificultad: Alta.   **Intensidad:** Alta.   **Nº de Jugadores:** Gran grupo.

Material: 1 pelota.

Espacio: Delimitado y preferiblemente con paredes.

Descripción del juego:
El juego comienza con los jugadores libremente distribuidos por el espacio y lanzándose la pelota al aire, pudiendo ser cogida por cualquier jugador. Continua intentando "sentar" jugadores si se les da con la pelota o si la cogen. Hay que ir sentando jugadores bien uno mismo o pasándose la pelota (con bote) entre posibles compañeros. Acaba, en el momento que están todos los jugadores sentados menos uno.

Reglas: No está permitido dar más de dos pasos con la pelota. Si el lanzamiento golpea en el suelo no te "sienta" pudiéndose coger y continuar. Si a un jugador se le golpea con la pelota se sienta y la deja. Un jugador "sentado" se salva si coge la pelota y puede salvar a otros sentados pasándose la pelota. No está permitido que los jugadores de pie salven a los "sentados". Está permitido la existencia de alianzas, pero no es obligatorio respetarlas.

Variantes: Por equipos.

Observaciones: Un juego muy completo a nivel neuromotor y que resulta muy atractivo y exitoso entre el alumnado (les engancha muchísimo).

Habilidades de lanzamientos

La bolera

Tipo de juego: Habilidades y destrezas (lanzamientos).

Edad recomendada: De 8 a 10 años.

Objetivo: Mejorar la precisión en los lanzamientos a distancia.

Contenidos:

    Conceptuales: Los lanzamientos: formas. La precisión.

    Procedimentales: Lanzamientos de precisión contra objetos estáticos: diferentes distancias y formas de lanzar. Elaborar estrategias de cooperación y oposición.

    Actitudinales: Respetar y aceptar las posibilidades de sus compañeros en relación a su aportación en el juego. Tener confianza y seguridad en sí mismo.

Dificultad: Alta.   **Intensidad:** Baja.

Nº de Jugadores: Dos equipos de 5-7 jugadores cada uno.

Material: Aros, pelotas y bolos (pueden hacerse con un ladrillo y una pica).

Espacio: Superficie plana.

Descripción del juego:

El juego comienza con cada equipo alineado y delante de cada jugador (con una pelota) se colocan tres aros (pueden ser más o menos) situando un bolo entre los aros de un jugador de un equipo y los aros de un jugador del otro equipo. Continua cuando un equipo comienza a lanzar, jugador por jugador, intentando derribar el bolo. Si le da se coloca en el primer aro más próximo al equipo y si se le vuelve a dar se coloca sucesivamente en el segundo aro, tercer aro y finalmente es propiedad del equipo. Acaba, en el momento que un equipo consigue más bolos o los tiene más cerca de su equipo.

Reglas: Cada jugador lanzará una única vez cada ronda. No está permitido derribar más de un bolo en un lanzamiento.

Variantes:

Observaciones: Es adaptable a los tres ciclos de Primaria modificando la distancia del lanzamiento (a más aros más distancia y a menos aros menor distancia).

Habilidades de lanzamientos

A los tutes

Tipo de Juego: Habilidades y destrezas básicas. Lanzamientos.

Edad recomendada: 6 - 12 años.

Objetivo: Desarrollar y mejorar las técnicas de lanzamiento a partir del material de desecho.

Contenidos:

    Conceptuales: Trabajo con material de desecho

        Desarrollo de la coordinación óculo-manual.

Procedimentales: Valoración de la utilidad de los objetos de la vida cotidiana en la realización de juegos. Utilización de distintos útiles como medio para fomentar la agudeza visual. Estudio de la técnica adecuada para conseguir una mayor precisión en los lanzamientos.

Actitudinales: Valoración de las propias posibilidades y limitaciones como punto de partida de un aumento de la confianza en uno mismo. Apreciación y aceptación de las capacidades de los compañeros.

Dificultad: Baja.   **Intensidad:** Media.   **Nº de jugadores:** Los que se quiera.

Material: Rollos de cartón, periódicos y tiza.

Espacio: Reducido.

Descripción del juego:

Se trazan dos líneas en el suelo donde se colocarán los dos equipos enfrentados. Delante de ellos se sitúan los rollos de cartón de papel higiénico alineados. El juego consiste en lanzar de forma simultánea bolas de papel al equipo contrario para derribar sus torres (rollos de papel). Los lanzamientos se realizarán a la señal. Gana el equipo que consiga derribar todos los cartones del adversario.

Observaciones: Colocar a los alumnos a cierta distancia del lugar donde se encuentran los rollos de papel higiénico.

Habilidades de lanzamientos

Bomba

Tipo de Juego: Habilidades y destrezas básicas. Lanzamiento y recepción. Desplazamientos y saltos.

Edad recomendada: 8 -12 años.

Objetivo: Mejorar la capacidad de recepción de distintos útiles.

Contenidos:
   Conceptuales: Mejora de la coordinación, reflejos y pases. Fases en el lanzamiento y recepción.
   Procedimentales: Desarrollo de situaciones donde se combinen todos los tipos de desplazamientos con adaptación, manejo y transporte de móviles en todas sus variantes.
   Actitudinales: Aceptación de la derrota/victoria como parte del juego

Dificultad: Baja.   **Intensidad:** Media.   **Nº de jugadores:** Los que se quiera.

Material: Balón.   **Espacio:** Reducido.

Descripción del juego:

Para realizar este juego se hace un círculo formado por los jugadores y uno se sienta en el suelo en el centro de él. Empieza a contar con los ojos tapados hasta diez, en ese momento levanta un brazo, cuenta otra vez hasta diez y levanta el otro brazo, cuenta otros diez y estira el primer brazo del todo, otros diez y estira totalmente el otro brazo, da una palmada y dice: ¡bomba!. El resto de jugadores comienza a pasarse una pelota de unos a otros y por orden sucesivo mientras que él sigue contando. Cuando acaba de contar y dice bomba, el que tenga la pelota en su poder se tendrá que sentar en el suelo con las piernas estiradas y juntas. El que se la queda empieza de nuevo a contar y el resto de jugadores sigue pasándose la pelota, pero con una salvedad, el que está a la izquierda del que está en el suelo debe pasar mediante un salto sobre él para poder entregársela al siguiente jugador. El juego continua hasta que sólo queda un jugador de pie, que es el que gana. Si la pelota cae al suelo, se asocia la pérdida al que la tenía que recibir. Si se pasa la pelota después de "bomba" se la queda el que la pasó.**Variantes:** Usar más de una pelota.

Observaciones: Deben separarse los alumnos bien unos de otros para evitar caídas. Las piernas deben situarse juntas en todo momento.

Habilidades de lanzamientos

Chinlon (Birmania)

Tipo de Juego: Habilidades y destrezas básicas: lanzamientos, recepciones, golpeos.

Edad recomendada: A partir de los 12 años.

Objetivos: Mejorar la coordinación óculo-pédica.

Contenidos:
   Conceptuales: Conocimiento de la forma de juego en otras culturas. Conciencia global y segmentaria del propio cuerpo.
   Procedimentales: Apreciación de trayectorias. Adaptación del movimiento a estímulos externos. Coordinación del movimiento propio con el de los compañeros.
   Actitudinales: Respeto a las normas del juego. Cooperación y trabajo en equipo. Valoración de las manifestaciones culturales jugadas de otros pueblos.

Dificultad: Alta.   **Intensidad:** Media.   **Nº de jugadores:** De 7 a 9 por grupo.

Material: Un balón.

Espacio: Exterior y libre de obstáculos.

Descripción del juego:

Todos los jugadores se colocan de pie formando un círculo, normalmente un jugador ocupa el centro del mismo aunque no es imprescindible. El objetivo del grupo es mantener la pelota en el aire, tanto tiempo como puedan, golpeándola con cualquier parte de su cuerpo excepto sus brazos. Un mismo jugador puede golpear varias veces consecutivas la pelota. Aunque a veces se hace, normalmente no se lleva la cuenta de los toques.

Variantes: Se traza un círculo en el suelo del cual los jugadores no pueden salirse. Se permite golpear la pelota con cualquier parte del cuerpo. No se permite que una persona golpee la pelota dos veces seguidas. El objetivo del juego es que todos toquen la pelota un número de veces determinado antes de que ésta toque el suelo.

Observaciones: Este juego está muy extendido por el sudeste asiático, donde se conoce con distintos nombres, hasta el punto de ser tan popular como en nuestra cultura el fútbol. Existe también una versión competitiva que se practica en una cancha similar a la de badminton y que es la que ha dado lugar al futvoley.

Habilidades de lanzamientos

Seba Tizra (Líbano)

Tipo de Juego: Habilidades y destrezas básicas: lanzamientos, recepciones, esquives.

Edad recomendada: A partir de los 10 años.

Objetivos: Mejorar el lanzamiento sobre blanco fijo y en movimiento.

Contenidos:

Conceptuales: Conocimiento de la forma de juego en otras culturas. Reglas, desarrollo del juego y estrategias tácticas.

Procedimentales: Apreciación de trayectorias. Adaptación del movimiento a estímulos externos. Lanzamiento de móviles.

Actitudinales: Respeto a las normas del juego. Resolución de problemas tácticos en equipo. Valoración de las manifestaciones culturales jugadas de otros pueblos.

Dificultad: Alta.   **Intensidad:** Media.   **Nº de jugadores:** De 8 a 12 por grupo.

Material: Un balón y siete piedras planas (pueden ser sustituidos por latas o tacos de madera).

Espacio: Exterior y libre de obstáculos.

Descripción del juego:

Se apilan las siete piedras a siete pasos de distancia de una línea trazada en el suelo. Los jugadores se dividen en dos equipos, uno será el atacante y el otro el defensor. El primer jugador del equipo atacante lanza la pelota desde la línea tratando de derribar, al menos, una de las piedras de la torre. Si no lo consigue lanza otro jugador de su equipo y así sucesivamente hasta que todos hayan fallado. En este caso ambos grupos intercambian sus papeles. Ahora bien, si un jugador del equipo atacante logra derribar alguna de las piedras de la torre, el juego se desarrolla de la siguiente manera:

- Los jugadores del equipo defensor comienzan a pasarse la pelota tratando de dar a alguno de los jugadores del equipo atacante. No está permitido avanzar con la pelota, ni botarla. Todo jugador atacante que sea tocado por la pelota va a una zona muerta y espera la finalización de esta fase del juego.

- Los jugadores del equipo atacante tratan de volver a construir la torre, esto lo pueden hacer en una o en varias tentativas. Si lo logran salvan a todos sus compañeros y el juego se reinicia de la misma forma; en caso de que todos hayan sido enviados a la zona muerta el juego se reinicia con ambos grupos intercambiando sus papeles.

Variantes: El lanzamiento inicial hay que realizarlo de una determinada forma: con la mano izquierda, chutando la pelota, lanzándola por debajo de una pierna, etc.

Observaciones:

Variantes de este juego son conocidas y practicadas en todo el mundo árabe. En junio de 1999 observamos a unos niños en Erfoud (Marruecos) realizando esta actividad a la que denominaban Jlal (luna).

Habilidades de lanzamientos

Pillma (Indios araucanos-Chile-Argentina)

Tipo de Juego: Habilidades y destrezas básicas: lanzamientos, esquives.

Edad recomendada: A partir de los 8 años.

Objetivos: Mejorar los lanzamientos sobre blanco móvil.

Contenidos:
    Conceptuales: Conocimiento de la forma de juego en otras culturas. Reglamentación y estrategia de juego.
    Procedimentales: Coordinación óculo manual. Lanzamientos contra blanco móvil.
    Actitudinales: Respeto a las normas del juego. Valoración de las manifestaciones culturales jugadas en otros pueblos.

Dificultad: Media.   **Intensidad:** Alta.   **Nº de jugadores:** Entre 12 y 30.

Material: Dos pelotas.

Espacio: Cualquiera libre de obstáculos.

Descripción del juego:

En el suelo se traza un círculo, dividido en dos mitades iguales por una línea central. Los jugadores se dividen en dos equipos, cada uno de los cuales ocupa uno de los semicírculos. Cada equipo dispone de una pelota blanda, con la que tratan de golpear a cualquiera de los jugadores del equipo contrario. Como regla básica está el que la pelota debe lanzarse por debajo de una pierna. Un jugador se considera tocado cuando la pelota, lanzada de forma correcta, impacta directamente en cualquier parte de su cuerpo distinta de la de sus manos. Los jugadores tocados salen del círculo y siguen jugando por fuera del mismo, enviando a sus compañeros de equipo las pelotas que se salen del círculo.

En todo momento hay dos pelotas en juego. El objetivo de cada equipo sacar del círculo a todos los jugadores del equipo opuesto, ganando el equipo que lo consigue.

Variantes:
    - Variar la forma de lanzamiento: lanzar de espaldas al otro equipo, con la mano izquierda, etc.
    - Variante no competitiva. Los jugadores tocados juegan por fuera del círculo pero pasan a ayudar al otro equipo.

Habilidades de lanzamientos

La porte (Francia)

Tipo de Juego: Habilidades y destrezas básicas: lanzamientos y golpeos.

Edad recomendada: A partir de los 12 años.

Objetivo: Mejorar la agilidad. Mejorar los golpeos de precisión.

ontenidos:

Conceptuales: Conocimiento de la forma de juego en otras culturas. Tácticas individuales en juegos con oposición.

Procedimentales: Precisión en los golpeos en función de variables externas. Golpeos de móviles sin implementos.

Actitudinales: Respeto a las normas del juego. Aceptación del rol que le corresponda. Valoración de las manifestaciones culturales jugadas en otros pueblos.

Dificultad: Alta.　　**Intensidad:** Media.　　**Nº de jugadores:** De 5 a 8 por grupo.

Material: Una pelota de tenis.　**Espacio:** Llano y con una pared.

Descripción del juego:

Sobre la pared se traza una línea aproximadamente a un metro del suelo y se establecen unos turnos para golpear la pelota.

El primer jugador hace botar una pelota de tenis y la golpea de forma que golpee la pared por encima de la línea. Cuando la pelota bota, otro jugador la golpea y así sucesivamente. Si el jugador que golpea la pelota no consigue que ésta golpee la pared por encima de la línea "va a la puerta", es decir, se coloca tocando la pared con alguna parte de su cuerpo, pudiendo regresar al juego si consigue tocar al vuelo la pelota lanzada por alguno de sus compañeros. Cuando un jugador golpea la pelota tiene varias opciones:

- golpearla de forma que impacte en la pared por encima de la línea marcada. En este caso el juego continúa,
- golpearla de forma que no impacte en la pared o que lo haga por debajo de la línea marcada. En este caso el jugador va "a la puerta",
- golpearla, voluntaria o involuntariamente, hacia un compañero que está en "la puerta", de forma que éste la atrape al vuelo. En este caso el compañero es liberado,
- golpearla de forma que impacte sobre un compañero en juego. En este caso manda a dicho compañero a "la puerta".

El juego finaliza cuando todos los jugadores terminan en "la puerta".

Variantes: Con niños más pequeños se puede jugar con una pelota de ritmo o similar de forma permitiendo el agarre después del primer bote y antes de lanzarla.

Observaciones:

Habilidades de lanzamientos

Globo arriba

Tipo de Juego: Habilidades y destrezas básicas: lanzamientos y golpeos.

Edad recomendada: A partir de los 6 años.

Objetivos: Mejorar la coordinación dinámica general.

Contenidos:
   Conceptuales: Conocimiento de las partes del cuerpo. La cooperación como medio para la resolución de problemas.
   Procedimentales: Control segmentario. Formas de golpeo.
   Actitudinales: Respeto a las normas del juego. Cooperación con los compañeros para alcanzar objetivos comunes.

Dificultad: Baja.   **Intensidad:** Media.   **Nº de jugadores:** Entre 10 y 30.

Material: Un globo.

Espacio: Interior y libre de obstáculos.

Descripción del juego:

Los jugadores se distribuyen libremente por el espacio. Un jugador lanza un globo al aire. A partir de ese momento el grupo trata de conseguir que el globo no toque el suelo teniendo en cuenta que no se puede agarrar y que cuando una persona toca el globo se sienta en el suelo.

El objetivo del grupo es conseguir que todos los jugadores se sienten antes de que el globo toque el suelo.

Variantes:

Variar la parte del cuerpo con la que debe golpearse el globo.

Si una persona golpea el globo con una parte de su cuerpo, la siguiente persona ha de hacerlo con otra parte diferente.

Cada jugador está dentro de un aro del cual no puede salir.

Sustituir el globo por una pelota de playa, un balón de gomaespuma, etc.

Arriba y abajo. Si un jugador que está en sentado toca el globo, se levanta; si está de pie, se sienta. El juego finaliza cuando el globo toca el suelo.

Observaciones:

Habilidades de lanzamientos

La isla

Tipo de Juego: Habilidades y destrezas básicas: lanzamientos.

Edad recomendada: A partir de los 8 años.

Objetivos: Mejorar el lanzamiento de precisión.

Contenidos:
   Conceptuales: La cooperación como medio para la resolución de problemas.
   Procedimentales: Coordinación en el lanzamiento de móviles. Estrategia de grupo para la resolución de problemas motores.
   Actitudinales: Respeto a las normas del juego. Cooperación con los compañeros para alcanzar objetivos comunes.

Dificultad: Media.   **Intensidad:** Media.   **Nº de jugadores:** Más de 10.

Material: Un disco volador, tiza y balones.

Espacio: Amplio, liso y libre de obstáculos.

Descripción del juego:

Con tiza se delimita un espacio en el suelo, en el centro del cual se traza un círculo cuyo diámetro es un poco superior al del disco volador, este espacio representa un lago y el círculo central es la isla. El juego se inicia colocando el disco volador dentro del espacio delimitado en el suelo. Los jugadores se sitúan fuera de dicho espacio. Entre la mitad y dos tercios de los participantes tienen un balón.

A una señal, los que tiene balón lo lanzan tratando de que golpee el disco volador. Nadie puede pisar, en ningún momento, dentro del espacio acotado.

El objetivo del grupo es conseguir que el disco llegue a la isla, es decir quede depositado dentro del círculo central.

Variantes: Un jugador no puede lanzar un balón que recoja del suelo, debe entregárselo a un compañero para que sea él el que lance. Se depositan varios discos y se trazan el mismo número de círculos. El objetivo del grupo es introducir cada disco en uno de los círculos.

Observaciones: El tamaño del espacio designado como lago estará en función a la edad y capacidad de los participantes.

Habilidades de lanzamientos

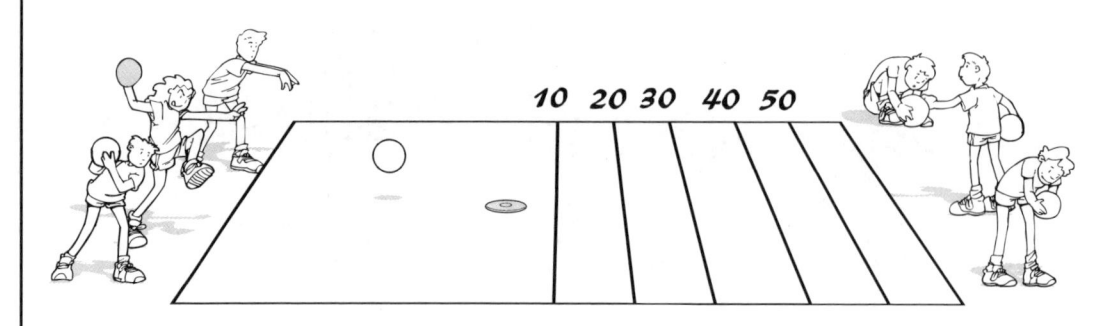

Alejar el platillo

Tipo de Juego: Habilidades y destrezas básicas: lanzamientos y recepciones.
Edad recomendada: A partir de los 6 años.
Objetivos: Mejorar los lanzamientos de precisión y de distancia.
Contenidos:
   Conceptuales: La cooperación como medio para la resolución de problemas.
   Procedimentales: Lanzamientos de precisión y de distancia. Coordinación óculo manual.
   Actitudinales: Respeto a las normas del juego. Aceptación del papel que le corresponda desempeñar durante el juego. Cooperación con los compañeros para alcanzar objetivos comunes.

Dificultad: Media.   **Intensidad:** Media.   **Nº de jugadores:** Más de 10.
Material: Un disco volador, tiza y balones.
Espacio: Cualquiera amplio, liso y libre de obstáculos.
Descripción del juego:

Con tiza se traza en el suelo un rectángulo cuyas dimensiones dependerán de la edad y de la capacidad de las participantes. Uno de los lados de este rectángulo recibe el nombre de línea de lanzamiento y justo el lado que se encuentra frente a él lo llamaremos línea de fondo. Entre estos dos lados, se trazan varias líneas paralelas con diferentes puntuaciones marcadas. Los jugadores se dividen en dos grupos. Un grupo se coloca detrás de la línea de lanzamiento. Cada jugador de este grupo tiene un balón. El otro grupo inicia el juego colocado detrás de la línea de fondo. A unos metros de la línea de lanzamiento se deposita en el suelo un disco volador. A una señal, los jugadores que tienen los balones comienzan a lanzarlos contra el disco volador tratando de alejarlo tanto como puedan. Los jugadores del otro grupo devuelven los balones, una vez que éstos han sobrepasado los límites del rectángulo, para que sus compañeros continúen lanzando. Cuando el profesor dice "cambio", ambos grupos intercambian sus papeles, sin detener el juego. Tras un numero de rotaciones se detiene el juego y la clase consigue tantos puntos como marque la última línea que ha atravesado el disco.

Variantes: Si el disco atraviesa la línea de recepción se obtiene una partida extra.
Se colocan varios discos. La puntuación total del grupo es la suma de los puntos obtenidos con cada uno de ellos. Los balones no se pueden devolver lanzándolos, hay que entregarlos en mano. Para hacerlo, tampoco se puede pisar en el interior del rectángulo de juego.

Habilidades de lanzamientos

Choqui choques

Tipo de Juego: Habilidades y destrezas básicas: lanzamientos.

Edad recomendada: A partir de los 6 años.

Objetivos: Mejorar el lanzamiento de precisión. Experimentar diferentes posibilidades de lanzamiento.

Contenidos:
  Conceptuales: Técnica del lanzamiento. Posibilidades de lanzar.
  Procedimentales: Coordinación brazo-pierna en el lanzamiento de precisión. Adaptación del movimiento corporal a estímulos externos. Coordinación de los movimientos propios con los del compañero.
  Actitudinales: Aceptación del juego por el mero placer de jugar, con independencia del resultado. Cooperación con el compañero para alcanzar objetivos comunes.

Dificultad: Media   **Intensidad:** Media.   **Nº de jugadores:** Dos por grupo.

Material: Un balón por participante.

Espacio: Cualquiera libre de obstáculos.

Descripción del juego:

Dos jugadores se sitúan frente a frente, cada uno con un balón. El objetivo es que, lanzando los dos balones al mismo tiempo, éstos choquen en el aire.

Variantes: Los jugadores empiezan a un metro de distancia uno del otro. Cada vez que los balones chocan uno de ellos da un paso para atrás. ¿Cuánto distancia pueden alejarse?

Definir la forma en que deben lanzarse los balones: rodando por el suelo, con el pie, dando un bote, etc.

Observaciones: Si queremos incrementar la dificultad del juego, basta con utilizar balones más pequeños. ¿Somos capaces de hacer chocar dos pelotas de tenis en el aire?

Habilidades de lanzamientos

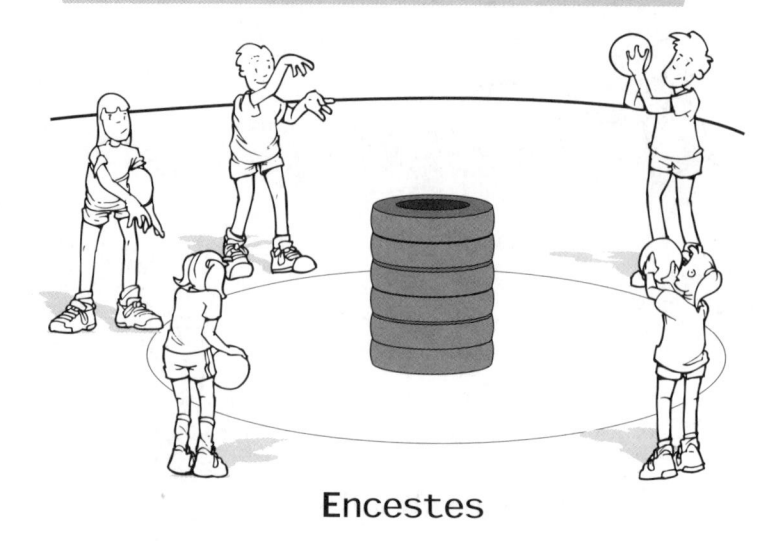

Encestes

Tipo de Juego: Habilidades y destrezas básicas: lanzamientos.

Edad recomendada: A partir de los 6 años.

Objetivos: Mejorar el lanzamiento de precisión.

Contenidos:
   Conceptuales: La cooperación como medio para la resolución de problemas.
   Procedimentales: Toma de decisiones para alcanzar el objetivo del juego. Lanzamientos contra blanco fijo.
   Actitudinales: Respeto a las normas del juego. Cooperación con los compañeros para alcanzar objetivos comunes.

Dificultad: Media.   **Intensidad:** Media.   **Nº de jugadores:** Más de 10.

Material: Cinco o seis cubiertas de neumático, tiza y una pelota por participante.

Espacio: Cualquiera libre de obstáculos.

Descripción del juego:

Con tiza se traza un círculo en el suelo cuyo diámetro estará en función de la habilidad de los participantes. En el centro de dicho círculo se apilan cinco o seis cubiertas de neumático.

Todos los jugadores se distribuyen alrededor de la circunferencia trazada en el suelo con una pelota cada uno. El objetivo del juego es encestar el máximo número de pelotas sin pisar en el interior de dicha circunferencia. ¿Es capaz el grupo de encestar todas?

Variantes: Se pueden hacer varias pilas de neumáticos y jugar con pelotas más grandes o incluso con balones.

Definir la forma en que las pelotas deben ser lanzadas: con la mano izquierda, con un bote en el suelo, etc.

Observaciones:

Habilidades de lanzamientos

El Huracán

Tipo de Juego: Habilidades y destrezas básicas: lanzamientos.

Edad recomendada: A partir de los 6 años.

Objetivo: Mejorar la técnica en el lanzamiento de precisión..

Contenidos:
  Conceptuales: Formas de lanzamiento.
  Procedimentales: Coordinación corporal a la hora de ejecutar lanzamientos de precisión. Adaptación del movimiento corporal a estímulos externos.
  Actitudinales: Respeto a las normas del juego. Aceptación del papel de los compañeros de juego.

Dificultad: Media. **Intensidad:** Baja. **Nº de jugadores:** Entre 5 y 8 por grupo.

Material: Latas y un balón por participante.

Espacio: Cualquiera liso y libre de obstáculos.

Descripción del juego:

Se trazan en el suelo entre siete y diez líneas paralelas. Entre la primera y la segunda debe haber, al menos, tres metros de distancia.

Los jugadores, cada uno con un balón, se colocan detrás de la primera línea a la que llamaremos línea de lanzamiento.

Todas las latas se colocan, una junto a otra, alineadas y separadas una pequeña distancia, sobre la línea más alejada a la de lanzamiento. El profesor explica que las latas simulan ser un huracán que se va acercando y que el grupo tiene que evitar.

Uno tras otro, cada participante lanza su balón contra las latas tratando de derribar alguna. Cuando todos han lanzado, las latas derribadas se retiran mientras que las que han quedado en pie avanzan una línea en dirección a la de lanzamiento. Cada lata se coloca en la misma posición que ocupaba en la línea precedente. Cada jugador recupera su balón y regresa a la línea de lanzamiento para continuar el juego de la misma forma.

El grupo consigue vencer al huracán si es capaz de derribar todas las latas antes de que alguna alcance la línea de lanzamiento.

Variantes: Lanzar los balones de una forma determinada.
Todos los jugadores lanzan al mismo tiempo, en lugar de uno tras otro.
Chutar los balones.

Habilidades de lanzamientos

Manteo de objetos

Tipo de Juego: Habilidades y destrezas básicas: lanzamientos.

Edad recomendada: A partir de los 6 años.

Objetivos: Mejorar la coordinación dinámica general y la percepción espacial y temporal.

Contenidos:
  Conceptuales: Habilidad específica de manejo del paracaídas.
  Procedimentales: Coordinación del movimiento a estímulos externos. Apreciación de distancias y trayectorias.
  Actitudinales: Disfrute del juego con independencia del resultado. Cooperación entre miembros de grupos para alcanzar objetivos comunes.

Dificultad: Media.   **Intensidad:** Media.   **Nº de jugadores:** Más de 16.

Material: La tela de un paracaídas, balones, pelotas, globos, etc.

Espacio: Cualquiera libre de obstáculos. En el caso de ser interior el techo debe estar a una altura suficiente.

Descripción del juego:

Todo el grupo se sitúa alrededor del paracaídas. El objetivo del juego es mantear diferentes objetos evitando que se salgan fuera del paracaídas.

El juego se inicia introduciendo en el paracaídas tantos objetos como se desee mantear. A partir de ese momento, el grupo comienza a sacudir la tela tratando de que los diferentes objetos se eleven tanto como sea posible para recogerlos en su caída con el paracaídas. Los objetos que caen al suelo no se pueden devolver al paracaídas. La actividad finaliza cuando no queda ningún objeto que mantear.

Variantes: Manteo en grupos. La mitad del grupo adopta el nombre de un color, pongamos el verde, y la otra mitad se identifica con un color distinto, digamos el rojo. Todo el grupo se dispone entonces alrededor del paracaídas, intercalándose los dos colores. El objetivo del juego es mantear diferentes objetos, colocados sobre la tela del paracaídas, tanto tiempo como sea posible. El grupo inicia la actividad sacudiendo la tela buscando el que los diferentes objetos se eleven tanto como sea posible para recogerlos en su caída con el paracaídas. El profesor puede decir: "¡Rojos (o verdes), fuera!", de forma que todos los jugadores identificados con el color nombrado abandonan la tela del paracaídas y se encargan de recoger los objetos que se salieron del paracaídas, devolviéndolos al mismo. Cuando el profesor dice: "¡Todos dentro!", todos vuelven al paracaídas. El juego finaliza cuando no queda en el paracaídas ningún objeto que mantear.

Habilidades de lanzamientos

El barco

Tipo de Juego: Habilidades y destrezas básicas: lanzamientos.

Edad recomendada: A partir de los 6 años.

Objetivos: Mejorar la coordinación dinámica general.

Contenidos:
   Conceptuales: Habilidad específica de manejo del paracaídas.
   Procedimentales: Coordinación del movimiento a estímulos externos. Apreciación de distancias y trayectorias.
   Actitudinales: Disfrute del juego con independencia del resultado. Cooperación para alcanzar un objetivo común.

Dificultad: Media.   **Intensidad:** Media.   **Nº de jugadores:** Más de 16.

Material: La tela de un paracaídas y un balón.

Espacio: Cualquiera libre de obstáculos.

Descripción del juego:

Todos los participantes se disponen alrededor del paracaídas en cuya tela se deposita una pelota. Se supone que la pelota es un barco y el objetivo del juego es llevar el barco hasta la isla (agujero central del paracaídas).

Si la pelota se sale del paracaídas, decimos que el grupo ha naufragado y no ha cumplido, por tanto, su objetivo.

El juego finaliza cuando la pelota se introduce por el agujero central del paracaídas o cuando se sale del mismo.

Variantes: Colocar varios balones. ¿Cuántos de ello son introducidos por el agujero central del paracaídas?

Observaciones:

Habilidades de lanzamientos

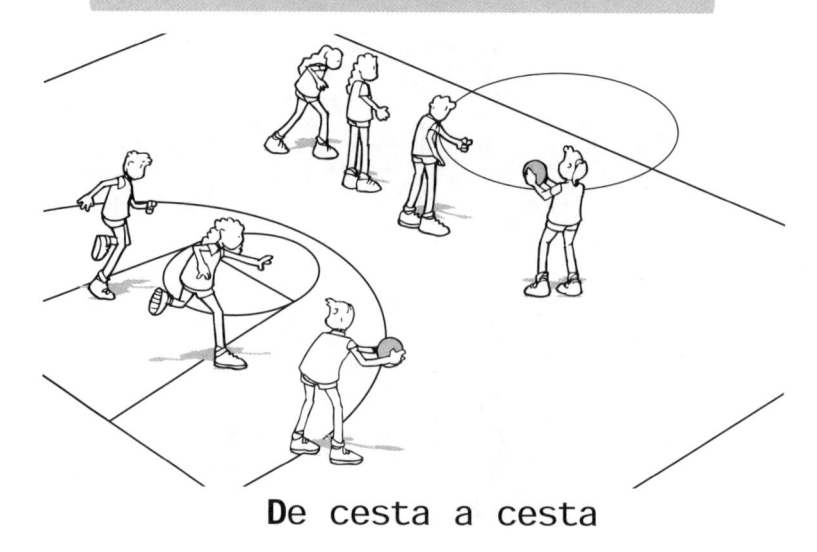

De cesta a cesta

Tipo de Juego: Habilidades y destrezas básicas: lanzamientos y recepciones.

Edad recomendada: A partir de los 10 años.

Objetivos: Mejorar el pase y el tiro a canasta.

Contenidos:
   Conceptuales: Técnica específica de pase y tiro a canasta.
   Procedimentales: Pases en movimiento. Apreciación de distancias y trayectorias. Entrada a canasta sin botar el balón. Tiro a canasta.
   Actitudinales: Aceptación de las reglas del juego. Disfrute del juego con independencia del resultado. Cooperación para alcanzar un objetivo común.

Dificultad: Alta.   **Intensidad:** Media.   **Nº dejugadores:** De 3 a 5 por grupo.

Material: Un balón y una canasta de baloncesto o de minibásquet..

Espacio: Cancha de baloncesto o de minibásquet.

Descripción del juego:

Los jugadores se sitúan en la línea de fondo de una cancha de baloncesto con un balón. El objetivo del grupo es, de acuerdo con las reglas básicas del baloncesto, encestar el balón en la canasta contraria, el único problema es que la pelota no puede botar en el suelo.

Variantes: No se permite el pase a la misma persona a la que se pasó la pelota la vez anterior.

Poner un tiempo determinado para conseguir el objetivo propuesto.

Cada grupo lleva dos balones a la vez.

Observaciones: A fin de agilizar el juego y evitar los tiempos de espera si sólo se dispone de una cancha, un grupo debería salir tan pronto como el otro ha cruzado la línea de medio campo.

Habilidades de lanzamientos

Las piernas portería

Tipo de Juego: Habilidades y destrezas básicas: lanzamiento.

Edad recomendada: 11- 12 años.

Objetivo: Saber adaptar nuestro movimiento al de los demás y a los materiales que se están utilizando.

Contenidos: Adaptaciones espacio-temporales. Lanzamientos. Esquemas motrices básicos.

Dificultad: Media.   **Intensidad:** Alta.   **Nº de jugadores:** Grupos de 8.

Material: Una pelota de balonmano por grupo.

Espacio: Gimnasio.

Descripción del juego:

Los alumnos forman un corro tocándose los pies unos con otros y con las piernas abiertas. Se trata de meter la pelota introduciéndola en las piernas (que hacen de portería) de cualquiera. Van lanzándosela y aquel que se la meten deberá dar una vuelta al gimnasio corriendo. Si la pelota pasa entre las piernas de 2 personas distintas no vale y se considera fuera.

Observaciones:

Si la pelota pasa entre las piernas de 2 personas distintas no vale y se considera fuera.

Habilidades de lanzamientos

La paloma y las torres

Tipo de Juego: Habilidades básicas.

Edad recomendada: 10 - 12 años.

Objetivo: Mejora de las habilidades básicas. Adaptar el cuerpo a los movimientos previstos.

Contenidos:

Percepción espacial.

Pases y recepciones.

Saltos.

Dificultad: Media.   **Intensidad:** Media.   **Nº de jugadores:** 2 equipos.

Material: Una colchoneta por cada pareja de participantes y una pelota.

Espacio: Campo de baloncesto.

Descripción del juego:

Cada uno de los componentes de un equipo está encima de una colchoneta (torre) a otra sin que los componentes del otro equipo que están fuera de las torres les roben la pelota.

En caso de que así suceda se cambiarán los roles.

No puede coger la pelota en la colchoneta los que la intentan robar y los que están en la colchoneta no pueden salir de ella para coger la pelota.

Variantes: De rodillas. A cuadrupedia. Saltado pies juntos para desplazarse

Observaciones: No puede coger la pelota en la colchoneta los que la intentan robar y los que están en la colchoneta no pueden salir de ella para coger la pelota.

Habilidades de lanzamientos

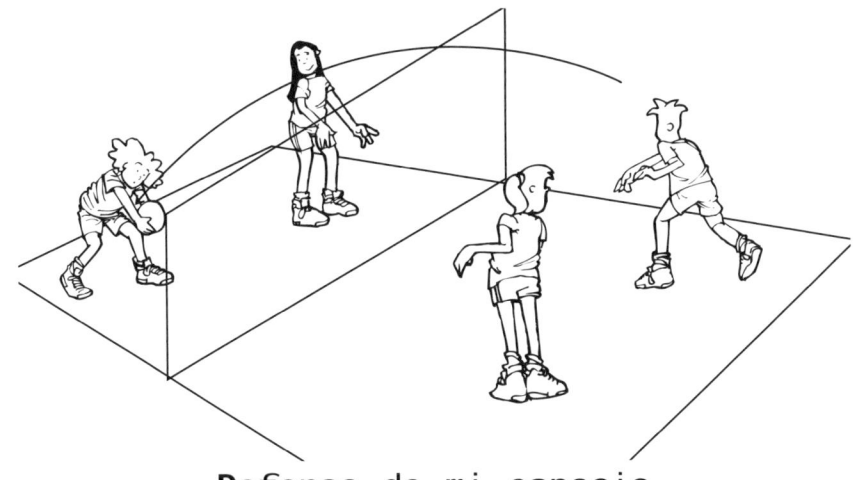

Defensa de mi espacio

Tipo de Juego: Habilidades y destrezas básicas.

Edad recomendada: 11 - 12 años

Objetivo: Manejar adecuadamente los mecanismos de percepción, decisión y ejecución y saber adecuarlos a la resolución de problemas.

Contenidos:

Coordinación espacio-temporal.

Lanzamientos.

Recepciones.

Dificultad: Media. **Intensidad:** Media. **Nº de jugadores:** 2 equipos de 10.

Material: Red de voley y balones.

Espacio: Campo de voley y todo lo necesario para ello.

Descripción del juego:

Se trata de un prejuego para voley. Distribuimos a los equipos por el campo de voley.

Se le atribuye a cada alumno el espacio que tiene que defender y donde la pelota no debe de caer al suelo.

Un equipo lanza la pelota de con la mano y el equipo contrario la recepciona. Después de cogerla se vuelve a lanzar desde el lugar en que s e recibe.

Se va puntuando cada vez que la pelota cae en el suelo del equipo contrario.

Variantes: Jugar con dos balones.

Observaciones: En lugar de contar puntos hacer correr un vuelta al campo a l alumno que ha dejado caer la pelota en su espacio.

Habilidades de lanzamientos

Supervivencia

Tipo de Juego: Habilidades básicas.

Edad recomendada: 9 - 10 años.

Objetivo: Adaptar el propio cuerpo a los movimientos previstos. Mejorar las habilidades básicas.

Contenidos: Lanzamientos. elocidad de reacción. Velocidad gestual

Dificultad: Media.   **Intensidad:** Alta.

Nº de jugadores: Toda la clase.

Material: Una pelota de espuma. (Si hay poca intentidad, 2).

Espacio: Campo de voley.

Descripción del juego:

Hay dos alumnos que son los tiradores y están fura de l campo de voley; el resto de los alumnos están metidos en el campo.

Los tiradores comienzan tratando de tocar con la pelota a los compañeros que hay dentro del campo.

Si la pelota toca a uno (de rebote o como sea) este pasa a ser tirador.

Los tiradores no pueden entrar en la zona de supervivencia y estos tampoco pueden salir.

Cuando uno pasa a ser tirador sigue el juego tirando él.

Si el juego va muy lento poner otra pelota en juego.

Los dos últimos supervivientes que queden pasan a ser los primeros tiradores en el otro juego.

Observaciones:

Funciona mejor con dos pelotas aunque para comenzar y que lo entiendan mejor una es la ideal.

El profesor deberá estar atento a los que entran y salen de la líneas.

Habilidades de lanzamientos

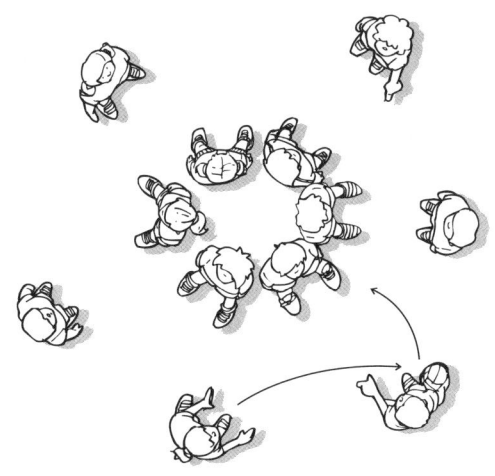

Esquivar el balón

Tipo de Juego: Habilidades básicas.

Edad recomendada: A partir de 8 años.

Objetivo:
Realizar lanzamientos con distintos proyectiles.
Aprender tener en cuenta el espacio y estrategias de juego.
Desarrollar los pases rápidos y efectivos.

Contenidos: Pases. Lanzamientos y recepciones.

Dificultad: Media.   **Intensidad:** Media.

Nº de jugadores: 25

Material: Una pelota.

Espacio: Gimnasio o similar.

Descripción del juego:

Se hacen dos equipos de igual número de jugadores. Unos hacen un círculo dentro y el otro equipo hace un círculo rodeando al otro.

Los de fuera poseen una pelota. Se trata de que se vayan pasando la pelota entre los jugadores de fuera y cuando lo crean oportuno disparar al centro del círculo a dar.

Si al que le han tirado coge la pelota al aire se descalifica el que la ha lanzado pero si se le cae queda descalificado el del centro del círculo.

Perderá el equipo que antes quede sin jugadores.

Variantes:
Cambiar el sistema de eliminación progresiva.
Utilizar diferentes cosas para lanzar (ringos, freesbeak.....)

Obsevaciones:

Si no se recepciona bien y la pelota toca el suelo también se puede descalificar.

Habilidades de lanzamientos

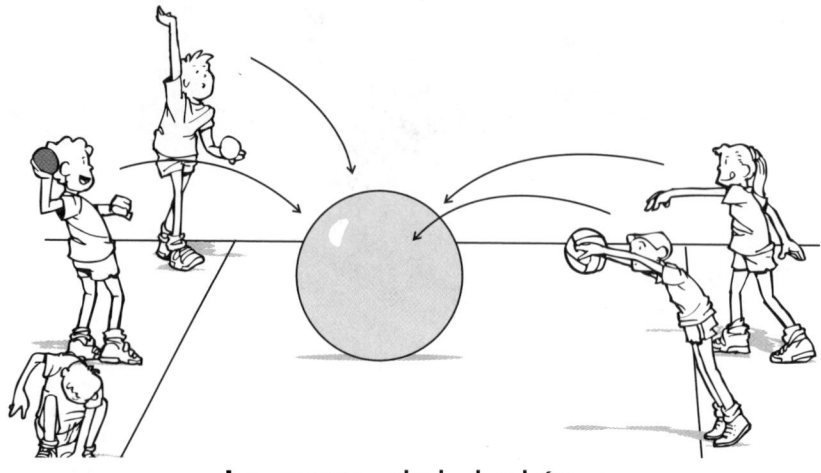

La caza del balón

Tipo de Juego: Habilidades básicas.

Edad recomendada: A partir de 10 años.

Objetivo:

Contenidos: Lanzamientos.

Dificultad: Media.   **Intensidad:** Baja.

Nº de jugadores: De 15 a 2.5

Material: Pelotas variadas y pelota gigante de psicomotricidad.

Espacio: Gimnasio o similar.

Descripción del juego:

La clase se dividirá en dos equipos y el balón grande se colocará en el medio.

Cada uno de los participantes de cada equipo dispondrá de un balón para tirar.

Cada equipo se colocará enfrente del otro tal y como indica el dibujo y la pelota grande en medio.

Los participantes lanzarán la pelota para colisionar con la grande y lograr ponerla en movimiento. Ganará el equipo que logre cruzar la pelota grande (mediante el tiro de las pequeñas contra ella) en el campo contrario.

Variantes:

Jugar por los laterales : una vez bien definido el campo asignamos un lateral del campo a cada equipo, desde el que también podrán realizar lanzamientos.
Jugar con dos balones grandes.

Observaciones:

Reducir las dimensiones del campo cuanto más reducidos sean los jugadores.

Lanzar con fuerza la pelota pequeña para que logre mover a la grande.

Habilidades de lanzamientos

Quitar balones

Tipo de Juego: Desplazamientos y lanzamientos.

Edad recomendada: Desde 8 hasta 12 años.

Objetivos: Mejorar el lanzamiento. Obtener una mayor velocidad. Desarrollar la coordinación óculo-manual.

Contenidos:
   Conceptuales:
   Las habilidades del lanzamiento y recepción.
   Conocer las reglas y desarrollo del juego.
   Procedimentales:
   Reaccionar rapidamente.
   Coordinar los desplazamientos con los compañeros/as.
   Actitudinales:
   Favorecer la cooperación entre compañeros/as de equipo.
   Participar de forma activa.

Dificultad Media.   **Intensidad:** Media.   **Nº de participantes:** Entre 8 y 14.

Material: Un número de balones blandos de plástico igual al número de jugadores, 1 silbato y 1 reloj.

Espacio: Un campo de futbol sala o similar.

Descripción del juego:

Se divide a los jugadores/as en 2 equipos y se distribuyen cada uno de ellos en una mitad del campo. Los jugadores/as no pueden atravesar la línea media que divide al campo en dos mitades. Cada jugador/a tiene un balón y a una señal dada por un árbitro (con el silbato se trata de arrojar balones al campo contrario, lo más rapidamente posible, o sea hay que " quitar balones de mi campo". Al pasar un tiempo determinado previamente, pueden ser 4, 5, o 6 minutos, se da otra señal con el silbato y se para de tirar balones, a continuación se recuentan el número de balones que han quedado en dada campo, ganando el equipo que tenga menos balones en el suyo. Esto se repite 3 o 5 veces o las veces que anteriormente se hayan previsto.

Observaciones: Entre los valores que se potencian cabe destacar:
Valorar la actividad física como una mejora para el propio cuerpo.
Valorar el juego como medio de diversión y de ocio y no de competitividad.
Aprender a perder con naturalidad y a ganar con elegancia.

Habilidades de lanzamientos

El que más se acerca

Tipo de Juego: Lanzamiento.

Edad recomendada: Desde 3 años hasta 12.

Objetivos: Mejorar los lanzamientos con precisión. Mejorar la coordinación óculo-manual.

Contenidos:
  Conceptuales:
  Conocer las reglas y desarrollo del juego.
  Procedimentales:
  Apreciación de distancias
  Actitudinales:
  Búsqueda de mejora en sus lanzamientos.
  Confianza en las propias posibilidades.

Dificultad Baja.   **Intensidad:** Baja.

Nº de jugadores: de 4 a 6 por grupo.

Material: Chapas diferentes y una pared.

Espacio: Cualquiera.

Descripción:

Se colocan los jugadores/as enfrente de una pared a una distancia dada y señalada con una línea en el suelo . Los jugadores deben de lanzar la chapa por turnos y tratando de acercarse lo máximo posible a la pared , pero sin tocarla, si sucede esto queda eliminado/a. Gana el que más cerca se haya quedado de la pared.

Observaciones:
Los Valores que desarrollan este juego son :
Respeto por los contrarios.
Aprecio de los valores de esfuerzo y constancia para progresar.
Comportamiento correcto.
Fomentar la paz entre los jugadores/as.

Habilidades de lanzamientos

La pelota más rápida

Tipo de Juego: Lanzamiento.

Edad recomendada: Entre 9 y 12 años.

Objetivos: Mejorar los lanzamientos. Desarrollar la agilidad. Mejorar la recepción.

Contenidos:
 Conceptuales:
 Conocer las reglas del juego.
 Conocer las técnicas de lanzamiento y recepción.
 Procedimentales:
 Realización de lanzamientos con pelotas.
 Apreciación de trayectorias y distancias.
 Actitudinales:
 Aceptación de los demás en el juego.
 Autonomía y confianza en las propias habilidades.

Dificultad Alta.   **Intensidad:** Media.   **Nº de jugadores:** Unos 4 o 5 por equipo.

Material: Dos balones de goma o plástico de distinto color.

Espacio: Cualquiera.

Descripción del juego:

Se dividen los jugadores/as en dos equipos de igual número, se colocan en un círculo, intercalándose los jugadores/as de ambos equipos en el mismo.

Previamente se han nombrado dos capitanes, los cuales tienen las pelotas. A una señal dada los capitanes empiezan a pasar la pelota al compañero de su equipo que está a su izquierda y éstos sucesivamente a sus compañeros/as de equipo lo más rapidamente posible. Cada vez que llegue la pelota al capitán, éste cantará en voz alta el número de vueltas que lleva su equipo, el primero en cantar diez vueltas completas ganará. Hay que tener en cuenta que si se le cae a algún jugador la pelota éste debe de ir a recogerla, situarse en su lugar del círculo y seguir el juego lo más rapidamente posible.

Variantes: Se puede jugar a un tiempo determinado y no a un número de vueltas, en este caso se necesita un cronómetro y alguien de arbitro.

Observaciones: Los valores que más se tratan en este juego son: Fomentar la convivencia en el grupo. Aprender a perder y a ganar con respeto por el contrario.
Aceptar las propias posibilidades y las de los demás. Divertirse jugando.

Habilidades de lanzamientos

Los veinte puntos

Tipo de Juego: Desplazamiento y lanzamiento.

Edad recomendada : Entre 6 y 12 años.

Objetivos. Mejorar el lanzamiento. Desarrollar la velocidad.

Contenidos:
   Conceptuales:
   Las habilidades del lanzamiento y recepción.
   Conocer las reglas del juego.
   Procedimentales:
   Aumentar el tiempo de reacción.
   Coordinar los movimientos y desplazamientos.
   Actitudinales:
   Participar activamente.
   Respetar a los demás.

Dificultad: Media.   **Intensidad:** Media.

Nº de participantes: Entre 15 y 20 , si son más se dividen en 2 grupos.

Material: Un balón.

Espacio: Un patio.

Descripción:

Se ponen los alumnos/as en fila india , entre ellos previamente eligen un sonido (por ejemplo un silbido o una palmada o un pisotón) , con una parte del cuerpo (elegida por el profesor/a) se pasa la pelota o balón al siguiente de la fila que la tiene que devolver con la misma parte del cuerpo y tiene que que correr hasta una línea previamente determinada y vuelve a la fila . Cada vez que se vuelve a la fila sin cometer error gana 5 puntos y dará su sonido. Ganan los que consiguen 20 puntos.

Variante: Hacerlo sin límite de puntos o línea previamente establecida.

Observaciones: Se potencian los valores siguientes: Aprender a ganar con elegancia
No menospreciar al contrario. Aprender a perder con naturalidad.

Habilidades de lanzamientos

Golpea tú

Tipo de Juego: Lanzamiento.

Edad recomendada: Entre 8 y 12 años.

Objetivos: Mejorar los lanzamientos. Desarrollar la agilidad . Aumentar el tiempo de reacción.

Contenidos
    Conceptuales:
    Conocer las reglas del juego.
    Conocer las técnicas de lanzamiento y recepción.
    Saber los distintos segmentos corporales .
    Procedimentales:
    Realización de lanzamientos variados.
    Realizar recepciones variadas.
    Apreciación de trayectorias y distancias.
    Actitudinales:
    No menospreciar al compañero/a.
    Aceptación de los demás en el juego.
    Confiar en las posibilidades propias.

Dificultad: Media - alta.   **Intensidad:** Media.   **Nº de jugadores**: Entre 10 y 20.

Material: Un número de balones igual al de parejas de jugadores/as.

Espacio: cualquiera.

Descripción:

Es un juego de parejas. Uno de los niños/as nombra partes del cuerpo humano, (cabeza, hombro derecho, pecho, mano derecha etc...) y lanza un balón hacia el otro niño/a que ha de recogerlo y golpearlo con la parte del cuerpo nombrada, después cambia el orde .

Variantes: En vez de golpear el balón con una sola parte del cuerpo , tendrás que golpearla con dos o tres segmentos corporales consecutivamente , el número de veces se puede consensuar entre los jugadores/as previamente.

Observaciones: Se pretende fomentar con este juego la colaboración entre todos y consensuar algunas reglas entre ellos/as, asimismo al no ser eliminatorio se favorece la autoestima de cada uno.

Habilidades de lanzamientos

Bombardeo de la torre

Tipo de juego: Habilidades perceptivas: Percepción espacial. Habilidades y destrezas básicas: Lanzamiento y recepción, desplazamientos. Cualidades físicas: Tiempo de reacción.

Edad recomendada: A partir de 8 años.

Objetivo: Desarrollar la precisión de lanzamiento y recepción. Mejorar la velocidad de reacción.

Contenidos:
   Procedimentales: Lanzamientos y recepciones de diferentes móviles .
   Actitudinales: Respeto a las reglas del juego así como evitar los lanzamientos. que puedan suponer un peligro para los compañeros defensores.

Dificultad: Baja.   **Intensidad:** Alta para los defensores y media para los atacantes.

Nº de jugadores: Más de 10 jugadores.

Material: Balones de goma espuma, un plinto y tiza. Para la variante podemos introducir balones de plástico.

Espacio: Pista polideportiva o espacio interior de grandes dimensiones.

Descripción del juego: Formamos tres equipos de 5 a 7 jugadores. Dibujamos un círculo de grandes dimensiones en el centro del cual colocaremos un plinto. El plinto será defendido por un equipo. Los otros dos equipos tratarán de enviar los balones de goma espuma al plinto para así conseguir un punto por cada balón que golpee el mismo. Los equipos podrán entrar dentro del círculo de lanzamiento para recuperar los balones y seguir efectuando lanzamientos desde el exterior. Después de transcurrir un minuto se producirá un cambio de roles siendo otro equipo el defensor. Al final del juego ganará aquel equipo que halla conseguido más golpeos del plinto.

Variantes: Balones de plástico. Ningún jugador atacante puede entrar a coger el balón de dentro del círculo. Cuando el equipo defensor retenga todos los balones se producirá el cambio de roles.

Observaciones:

Habilidades de lanzamientos

Diez Pases

Tipo de juego: Habilidades y destrezas básicas: Lanzamiento, recepción y desplazamientos.

Edad recomendada: A partir de los 10 años.

Objetivo: Desarrollar los aspectos tácticos de los deportes colectivos de colaboración/oposición.

Contenidos:
   Conceptuales: Desmarque, pase, ayuda y espacio libre
   Procedimentales: Ejecución de pases y desmarques
   Actitudinales: Cooperación en las defensa y el ataque aceptando a los diferentes compañeros.

Dificultad: Media.   **Intensidad:** Alta.

Nº de jugadores: 2 equipos de más de 5 jugadores.

Material: 1 pelota.

Espacio: Pista polideportiva.

Descripción del juego: Formamos dos equipos. Debemos efectuar pases con las extremidades superiores sin que caiga la pelota y sin que sea arrebatada por el otro equipo. Cuando conseguimos 10 pases sumaremos 1 punto. Ganará el equipo que consiga hacer 5 puntos.

Variantes:

Todos deben tocar la pelota.

Existencia de un comodín al cual no le pueden arrebatar la misma.

Prohibición de pasar al que ha efectuado el último pase.

Los diez pero jugando con las extremidades inferiores.

Observaciones:

Habilidades de lanzamientos

Defender la mascota

Tipo de juego: Habilidades perceptivas: Percepción espacial. Habilidades y destrezas básicas: Lanzamiento, recepción y desplazamientos. Cualidades físicas: Tiempo de reacción y agilidad.

Edad recomendada: A partir de 10 años.

Objetivo: Mejorar la precisión del lanzamiento.

Contenidos:
   Procedimentales: Ejecución de lanzamientos, recepciones y esquivas.
   Actitudinales: Cooperación grupal, aceptación de los roles.

Dificultad: Baja.   **Intensidad:** Alta y media.   **Nº de jugadores:** 7-10.

Material: Pelota de goma espuma.

Espacio: Dimensiones de 20 x 200

Descripción del juego: Un equipo formado por tres jugadores se colocará en la zona interior del círculo. El resto se colocará en el exterior. Los jugadores del exterior deberán lanzar la pelota a uno de los jugadores del interior del círculo denominado mascota. Sus otros dos compañeros deberán protegerle. Los jugadores colocados al exterior podrán efectuarse pases con el objetivo de tener un mejor ángulo de lanzamiento hacia la mascota.

Variantes: Podemos incrementar o disminuir el número de protectores y de mascotas.

Observaciones:

Habilidades de lanzamientos

El bombardeo

Tipo de juego: Habilidades perceptivas: Percepción espacial. Habilidades y destrezas básicas: Lanzamiento. Cualidades físicas: Fuerza.

Edad recomendada: A partir de los 6 años.

Objetivo: Desarrollar la precisión del lanzamiento.

Contenidos:
  Procedimentales: Ejecución de lanzamientos con diferentes implementos.
  Actitudinales: Respetar el turno de lanzamiento.

Dificultad: Media.   **Intensidad:** Media .

Nº de jugadores: Dos o más grupos de 5 jugadores.

Material: 3 pelotas medicinales (de diferentes pesos) por grupo, 1 banco sueco por grupo, 3 pelotas o balones de diferentes tamaños por grupo.

Espacio: polideportivo.

Descripción del juego:

Tenemos colocados los tres balones medicinales encima de cada banco sueco. Los miembros del grupo trataran de derribar los mismos siendo ganador aquel que los derribe en el menor número de intentos. Así, el jugador que lanzará una pelota deberá ir a recogerla para dársela a sus compañeros de la fila y seguir efectuando lanzamientos. Hay que respetar el orden de la fila.

Variantes: Será vencedor el que los derribe en un menor tiempo.

Observaciones:

Habilidades de lanzamientos

Los cazadores

Tipo de juego: Habilidades y destrezas básicas: Lanzamiento, recepción y desplazamientos. Cualidades físicas: Tiempo de reacción, velocidad .

Edad recomendada: a partir de 6 años.

Objetivo: Desarrollar la velocidad

Contenidos:
    Procedimentales: Ejecución de lanzamientos.
    Actitudinales: Aceptación de las reglas y de los roles.

Dificultad: Baja.   **Intensidad:** Alta.   **Nº de jugadores:** A partir de 6.

Material: 2 balones de goma espuma.

Espacio: polideportivo amplio.

Descripción del juego:

Dos cazadores trataran de eliminar al resto de jugadores. Para eliminarlos deben golpearles con la pelota de goma espuma. Cuando un jugador es eliminado deberá permanecer sentado al suelo, aunque recuperará la vida si consigue atrapar una pelota.

Variantes: Juego con una pelota con la posibilidad de efectuar desplazamientos con ella en la mano.

Observaciones:

Habilidades de lanzamientos

El mate

Tipo de juego: Habilidades y destrezas básicas: Lanzamientos.

Edad recomendada: De 8 a 12 años.

Objetivo: Desarrollar los lanzamientos de precisión.

Contenidos:
   Conceptuales: Conocimiento de las reglas del juego y de los diferentes tipos de lanzamientos.
   Procedimentales: Practicar los diferentes tipos de lanzamientos tanto estáticos como dinámicos.
   Actitudinales: Valorar la participación de cada jugador independientemente del resultado.

Dificultad: Media-alta. **Intensidad:** Media.

Nº de jugadores: Juega toda la clase de forma individual.

Material: Un balón blando de psicomotricidad.

Espacio: Mitad de la pista de fútbol-sala o espacio con dimensiones parecidas.

Descripción del juego:

Se inicia el juego lanzando la pelota hacia arriba por el maestro, una vez que la pelota bote en el suelo podrá ser cogida por cualquier alumno/a, que dando previamente tres pasos o zancadas podrá lanzar la pelota a cualquier compañero/a. Si la pelota es cogida o toca a alguien, dicha persona se considera "muerta" y por lo tanto deberá de sentarse en ese mismo lugar en el que ha sido tocado/a por la pelota. Si por el contrario la pelota toca antes el suelo que a la persona, la pelota podrá ser cogida por cualquier alumno/a y podrá dar nuevamente tres pasos y lanzar la pelota otra vez a un compañero/a.

Cuando la pelota sea cogida por un "muerto" éste podrá pasar a sus otros compañeros "muertos" y de forma que van recibiendo la pelota pueden ponerse de pie e integrarse nuevamente en el juego y recobran la "vida".

Variantes: Se puede jugar también al mate de la misma forma pero con dos equipos de diferente color en el que un equipo debe eliminar totalmente al otro, y lo conseguirá cuando todos los integrantes del equipo contrario estén "muertos" (sentados en el suelo).

Observaciones: Cada vez que se reincorporen los "muertos" al juego se inicia el juego lanzando la pelota hacia arriba y dejándola botar.
La forma de representar a un "muerto" es sentándose en el suelo en el mismo lugar donde ha sido tocado/a por la pelota.

Habilidades de lanzamientos

El cementerio

Tipo de juego: Habilidades y destrezas básicas: Lanzamiento y recepción.

Edad recomendada: De 8 a 12 años.

Objetivo: Desarrollar y practicar el lanzamiento (de precisión) y la recepción cooperando con compañeros/as para alcanzar el fin pretendido.

Contenidos:
   Conceptuales: Conocer los diferentes tipos de lanzamiento; precisión, altura, longitud...
   Procedimentales: Practicar diferentes tipos de lanzamientos y recepciones y mejorar la percepción espacial.
   Actitudinales: Respeto a las posibilidades y limitaciones de las/os compañeras/os y partición activa en el trabajo de equipo.

Dificultad: Media.   **Intensidad:** Baja.

Nº de jugadores: La clase queda dividida en dos equipos.

Material: Una pelota de psicomotricidad blanda.

Espacio: Pista al aire o cubierta con dos campos bien señalados con el tamaño aproximado de la pista de voley o algo menor en función de la fuerza en el lanzamiento de los alumnas/os.

Descripción del juego:

La zona de juego son dos campos en los que dentro de cada uno hay un equipo. Tres de cada equipo están en el campo contrario pero fuera de la zona en los tres lados del mismo. El juego consiste en lanzar el balón a los componentes del equipo contrario y sin que toque el suelo previamente, tocarlos con el balón (quemarlos) y así eliminarlos a todos. Cada vez que se elimina a una persona ésta va a colocarse fuera del campo contrario con sus compañeros. Gana el equipo que quema antes a todos y evidentemente los manda fuera. En el caso de que algún/a alumno/a coja el balón después de lanzarlo sin que toque el suelo y sin que se le caiga entonces el que está eliminado es el que le ha lanzado el balón.

Variantes: Hacerlo igual pero por parejas y para edades de 10 a 12 años.

Observaciones: También se puede intentar con las/as alumnas/os del tercer ciclo meter dos balones a la vez.

Indiaca al aire

Tipo de Juego:
Habilidades y destrezas básicas: lanzamientos y recepciones.

Edad recomendada: 8-10 años.

Objetivo: Perfeccionar los lanzamientos y recepciones como habilidades básicas.

Contenidos:
　Conceptuales:
　　Tipos de lanzamientos y recepciones con material alternativo.
　Procedimentales:
　　Experimentar diferentes tipos de lanzamientos y recepciones con indiacas.
　Actitudinales:
　　Colaboración en los juegos y cuidado del material.

Dificultad: Alta.

Intensidad: Media.
Nº de jugadores: Indefinido.

Material: Indiacas.

Espacio: Pista polideportiva o gimnasio.

Descripción del juego:
Todos los alumnos/as menos uno tendrán una indiaca y se colocarán en el centro de la pista. A la señal del profesor/a lanzarán la indiaca al aire e intentarán coger otra distinta

Habilidades de lanzamientos

¡Pelotas fuera!

Tipo de Juego: Habilidades y destrezas básicas: lanzamientos.

Edad recomendada: 8-10 años.

Objetivos: Perfeccionar los lanzamientos como habilidad básica.

Contenidos:
    Conceptuales: Los lanzamientos en los juegos con el grupo.
    Procedimentales: Utilización de los lanzamientos en los juegos.
    Actitudinales: Respeto a las normas y participación activa.

Dificultad: Baja.   **Intensidad:** Alta.   **Nº de jugadores:** Indefinido.

Material: Pelotas.

Espacio: Pista polideportiva o gimnasio.

Descripción del juego:

Formamos dos grupos que se colocarán uno a cada lado de una línea central. Cada alumno/a tendrá una pelota que deberá lanzar al otro campo a la señal de inicio del profesor/a, también lanzará todas las que entren en su mitad puesto que pasado un tiempo, cuando el profesor/a lo indique, se parará el juego y el equipo que más pelotas tenga en su espacio perderá.

Variantes: Especificando el tipo de lanzamiento o variando el material, tamaño y peso de las pelotas.

Observaciones: Representación gráfica:

Habilidades de lanzamientos

Pasa rápido

Tipo de Juego: Habilidades y destrezas básicas: lanzamientos y recepciones.

Edad recomendada: 10-12 años.

Objetivos: Utilizar las habilidades básicas en juegos predeportivos.

Contenidos:
   Conceptuales: Los lanzamientos y las recepciones en los juegos predeportivos.
   Procedimentales: Práctica de lanzamientos y recepciones en juegos predeportivos.
   Actitudinales: Aceptación de los diferentes niveles de destreza en los juegos.

Dificultad: Media.   **Intensidad:** Baja.   **Nº de jugadores:** Indefinido.

Material: Pelotas.

Espacio: Pista polideportiva o gimnasio.

Descripción del juego:

Colocamos a los alumnos/as en dos grupos de pie en filas paralelas, el primero se coloca en frente de sus compañeros/as y le pasa la pelota al que sigue que después de devolvérsela se agacha. El último, al recibir la pelota, corre a colocarse delante para continuar con el juego. La fila que primero termine es la que gana.

Variantes: Modificando el tamaño y peso las pelotas o balones.

Observaciones: Representación gráfica:

Habilidades de lanzamientos

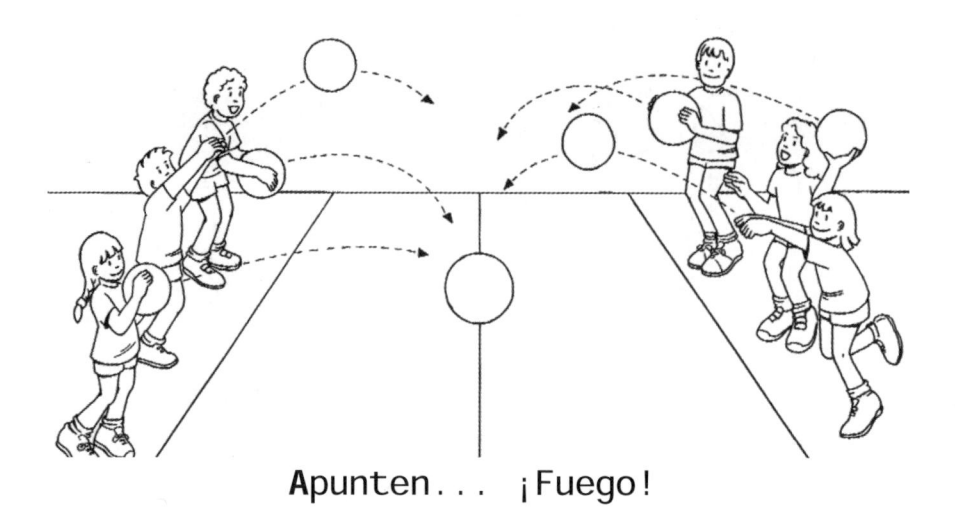

Apunten... ¡Fuego!

Tipo de Juego: Habilidades y destrezas básicas: lanzamientos.

Edad recomendada: 10-12 años.

Objetivos: Perfeccionar la habilidad básica del lanzamiento a través de juegos predeportivos.

Contenidos:
  Conceptuales: Los lanzamientos de precisión en los juegos predeportivos.
  Procedimentales: Práctica de lanzamientos de precisión en los juegos predeportivos con el grupo.
  Actitudinales: Aceptación de las reglas del juego disfrutando del mismo sin actitudes de rivalidad.

Dificultad: Alta.   **Intensidad:** Media.   **Nº de jugadores:** Indefinido.

Material: Pelotas y balones medicinales.

Espacio: Pista polideportiva o gimnasio.

Descripción del juego:

Utilizando una de las pistas pintadas, colocamos a los alumnos/as en dos grupos, uno a cada lado del campo detrás de una línea. En el centro ponemos un balón medicinal que deben moverlo hacia el otro lado con lanzamientos desde su posición. El profesor/a da la orden de lanzar, después de la cual los jugadores recogen las pelotas y anotamos un punto al equipo que lo ha desplazado hacia el otro lado.

Variantes: Colocar varios balones medicinales, aumentar la distancia hasta el balón y modificar el tipo de lanzamiento.

Observaciones: Representación gráfica:

Habilidades de lanzamientos

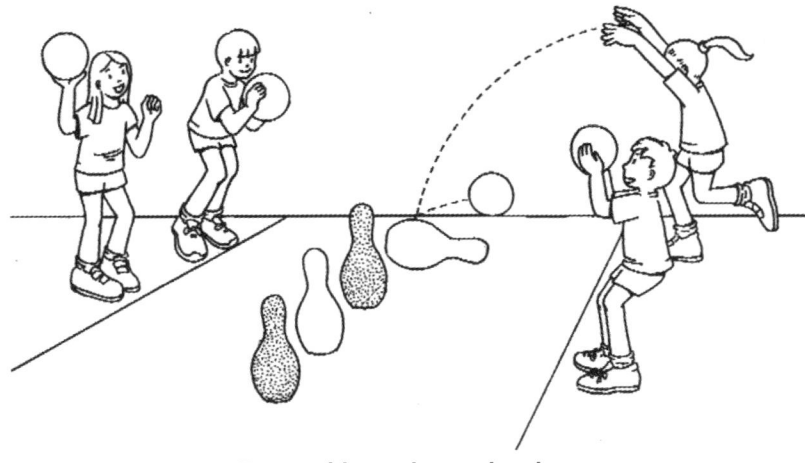

Derriba los bolos

Tipo de Juego: Habilidades y destrezas básicas: lanzamientos.

Edad recomendada: 10-12 años.

Objetivos: Perfeccionar la habilidad básica del lanzamiento a través de juegos predeportivos.

Contenidos:
    Conceptuales: Los lanzamientos de precisión en los juegos predeportivos.
    Procedimentales: Práctica de lanzamientos de precisión en los juegos predeportivos con el grupo.
    Actitudinales: Aceptación de las reglas del juego disfrutando del mismo sin actitudes de rivalidad.

Dificultad: Alta.   **Intensidad**: Media.   **Nº de jugadores**: Indefinida.

Material: Pelotas y bolos (mazas o botellas pequeñas de agua).

Espacio: Pista polideportiva o gimnasio.

Descripción del juego:

Utilizando una de las pistas pintadas, colocamos a los alumnos/as en dos grupos, uno a cada lado del campo detrás de una línea. En el centro ponemos bolos de dos colores (uno para cada equipo) que deben derribar con lanzamientos desde su posición. El profesor/a da la orden de lanzar, después de la cual los jugadores recogen las pelotas y anotamos un punto al equipo que antes ha tirado todos sus bolos.

Variantes: Aumentar la distancia hasta los bolos, modificar el tipo de lanzamiento y el tamaño de las pelotas (de tenis por ejemplo).

Observaciones: Representación gráfica:

Habilidades de lanzamientos

La caza del pato

Tipo de Juego: Habilidades y destrezas básicas: lanzamientos.

Edad recomendada: 10-12 años.

Objetivos: Perfeccionar la habilidad básica del lanzamiento a través de juegos predeportivos.

Contenidos:
   Conceptuales: Los lanzamientos de precisión sobre dianas móviles en los juegos predeportivos.
   Procedimentales: Práctica de lanzamientos de precisión sobre dianas móviles en juegos predeportivos con el grupo.
   Actitudinales: Aceptación de los papeles dentro del juego disfrutando del mismo sin actitudes agresivas.

Dificultad: Alta.   **Intensidad:** Media.   **Nº de jugadores:** Indefinido.

Material: Pelotas blandas (espuma, foam, etc.).

Espacio: Pista polideportiva o gimnasio.

Descripción del juego:

Repartimos a los alumnos/as en dos grupos de forma que uno se coloca en fila detrás de una línea; el otro se sitúa formando un túnel por el que deben ir pasando uno a uno los componentes del equipo contrario. A la señal del profesor/a pasará el primero intentando esquivar los lanzamientos que le tiran los otros jugadores. Una vez recogidas las pelotas pasa el segundo y así hasta que todo el grupo pase por el túnel. Después de cambiar los papeles gana el equipo que más lanzamientos acierte.

Variantes: Aumentando la anchura del túnel y el tipo de lanzamiento.

Observaciones: Representación gráfica:

Habilidades de lanzamientos

Pelota al aire

Tipo de Juego: Habilidades y destrezas básicas: lanzamientos.

Edad recomendada: 10-12 años.

Objetivos: Perfeccionar la habilidad básica del lanzamiento a través de juegos predeportivos.

Contenidos:
 Conceptuales: Los lanzamientos de precisión sobre dianas móviles en los juegos predeportivos.
 Procedimentales: Práctica de lanzamientos de precisión sobre dianas móviles en juegos predeportivos con el grupo.
 Actitudinales: Participación activa y responsable con el material.

Dificultad: Alta.   **Intensidad:** Media.   **Nº de jugadores:** Indefinido.

Material: Pelotas.

Espacio: Pista polideportiva o gimnasio.

Descripción del juego: Con todos los alumnos/as colocados detrás de una línea y con una pelota cada uno, deben acertar con su pelota a una que el profesor/a lance hacia arriba. El jugador/a que más veces acierte gana el juego.

Variantes: Modificar el tipo de lanzamiento y tamaño de las pelotas.

Observaciones:

Habilidades de lanzamientos

Los diez pases

Tipo de Juego: Habilidades y destrezas básicas: Lanzamientos.

Edad recomendada: De 6 a 12 años.

Objetivos: Mejorar la habilidad del lanzamiento.

Contenidos:
   Conceptuales: Conocer las habilidades del lanzamiento y la recepción.
   Procedimentales: Adaptación de las habilidades motoras a las distintas situaciones del juego.
   Actitudinales: Aceptación de los demás en el juego.

Dificultad Media-baja, dependiendo de la edad de los niños / as.

Intensidad: Media, ya que es un juego que puede motivar bastante a los alumnos/as.

Nº de jugadores Un máximo de 8 jugadores por equipo.

Material: Un balón para cada equipo.

Espacio: Espacio amplio y delimitado.

Descripción del juego: Inicia el juego un equipo. Su objetivo es conseguir diez pases entre sus jugadores, sin ser interceptados por los del equipo rival. Deben contar el número de pases entre todos. En caso de ser interceptado el balón antes de los 10 pases, (en el aire o en el suelo, nunca arrebatado de las manos), seguirá el juego contando desde el pase número 1. El jugador que tiene el balón no puede andar con él en las manos y no puede repetir pase al mismo compañero del que se recibe.

Cada 10 pases consecutivos es un punto y se podrán seguir acumulando puntos, hasta que el maestro / a indique que se les a terminado el tiempo y los equipos cambian los papeles.

Variantes: El que tiene el balón podrá dar un número de pasos determinados, correr con él en la mano, pasarlo con los pies, etc.

Observaciones: La primera vez que se lleve a la práctica el juego, no lo podrán hacer todos los niños / as de la clase a la vez, pero una vez que conozcan el desarrollo del mismo, y lo hayan puesto en práctica varias veces si será esto posible.

Habilidades de lanzamientos

My God

Tipo de Juego: Habilidades y destrezas básicas: lanzamiento y recepción, desplazamiento.

Edad recomendada: A partir de 8 años.

Objetivos: Utilizar correctamente habilidades en situaciones de juego. Practicar juegos donde se utilicen estrategias de cooperación. Aceptar las normas y el resultado como elemento del propio juego. Conocer juegos que practican otros niños de diferentes países.

Contenidos:
  Conceptuales: Los espacios de juegos. Las normas y la relación de cooperación
  Procedimentales: Creación de normas nuevas por parte de los alumnos/as en el juego. Juegos de carácter reglamentado en los que aumente la dificultad progresivamente.
  Actitudinales: Participación en los juegos, aceptando posibilidades y limitaciones.

Dificultad: Media. **Intensidad:** Media. **Nº de jugadores:** Indeterminado.

Material: Pelota blanda y un número determinado de latas de refresco (incluidas de repuesto).

Espacio: Cancha deportiva.

Descripción del juego: Disposición inicial: En el centro del terreno de juego se colocan las latas. Se hacen dos equipos "A" y "B". El equipo A se subdivide en dos y se colocan uno frente a otro a unos 5 m, de las latas, es decir, con las latas entre ambos. El equipo B coloca dos jugadores junto a las latas y el resto de sus integrantes se apartan formando una fila, esperando el turno.

Habilidades de lanzamientos

Canast Voley

Tipo de juego: Habilidades perceptivas: Percepción espacial. Habilidades y destrezas básicas: Golpeos y recepciones.

Edad recomendada: A partir de 12 años

Objetivo: Introducción a los juegos deportivos (Voley)

Contenidos:
   Conceptuales: Toque de dedos y mano baja.
   Procedimentales: Ejecución de diferentes golpeos de toque de dedos y mano baja.
   Actitudinales: Cooperar en la consecución del objetivo

Dificultad: Alta.   **Intensidad:** Media.   **Nº de jugadores:** 5 por equipo.

Material: Una canasta y una pelota de voley ball.

Espacio: Cancha de baloncesto.

Descripción del juego:

El juego consiste en introducir la pelota dentro de la canasta. Para ello, los jugadores deberán salir desde la otra zona de fondo y efectuándose pases llegar a la canasta para introducir la pelota dentro de la misma. Tendrán una opción de ataque por equipo, aunque si conseguimos acertar la canasta podremos volver a repetir el ataque. Ganará el equipo que más puntos consiga con 10 ataques.

Variantes: Quién consigue meter la pelota en un menor número de toques. Obligatoriedad de tocar la misma todo el equipo.

Habilidades de lanzamientos

Asalto a la línea

Tipo de Juego:

Edad: A partir de 2º ciclo de Primaria.

Objetivos: Desarrollar habilidades básicas. Iniciar en el marcaje y desmarcaje. Fomentar el juego en equipo.

Contenidos: Pase y recepción. Marcaje y desmarcaje. Asumir roles en un equipo. Jugar con otros/as no contra otros/as

Dificultad: Media.   **Intensidad:** Alta.

Nº de jugadores: Equipos de 5-7.

Material: Un balón.

Espacio: Pista polideportiva, gimnasio.

Descripción del juego: Lo ideal es jugar en el campo de voleibol, y los equipos deben conseguir llevar la pelota y golpear con esta la línea de fondo del equipo contrario. Para ello deberán trasportar el móvil mediante pases, pero el que tiene la pelota no puede desplazarse (si puede pivotar) y el pase siempre debe ser hacia delante nunca atrás.

Ningún jugador/a puede ser tocado por el rival.

Variantes: Cambiar el móvil (fresbee, indiaka, balones de distinto peso y/o tamaño...).

Incluir dos móviles.

Aumentar a cuatro líneas, cuatro equipos.

Obligar a que todos/as los/as jugadores/as a tocar el móvil antes de hacer tanto.

Observaciones: Ideal para iniciar en la táctica y el juego cooperativo.

En ocasiones cuando se hacen equipos mixtos y no se obliga a que todos/as toquen el móvil hay predominio de unos en el juego preferentemente los chicos frente al resto de los/as compañeros/as.

Habilidades de lanzamientos

Canastas Bajas

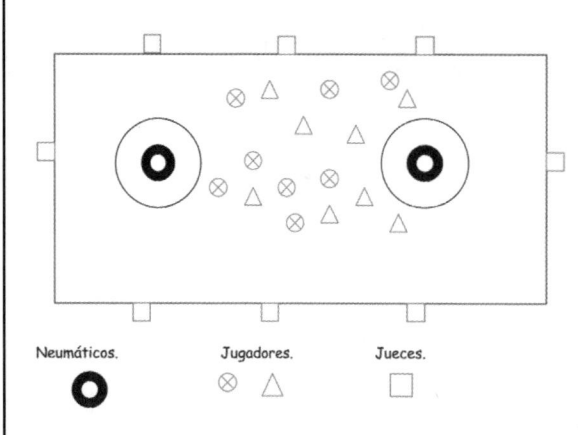

Tipo de juego: Habilidades perceptivas. Percepción espacial y sensorial. Habilidades y destrezas básicas. Lanzamiento, recepción, desplazamientos, paradas, toma de decisiones. Cualidades físicas: Fuerza, tiempo de reacción, velocidad y resistencia.

Edad recomendada: a partir de 8 años.

Objetivo: Realizar las acciones de lanzar, recibir e interceptar. Respetar normas y consignas. Aceptar decisiones de otros. Adaptarse a distintos roles en el juego.

Neumáticos. Jugadores. Jueces.

Desplazamiento con balón, coordinándolo con los tres pasos y parada. Respetar a los compañeros.

Contenidos:

  Conceptuales: Normas y reglas básicas del juego. Cambio de roles en el juego. Juego gracias al equipo de enfrente.
  Procedimentales: Habilidades básicas: Desplazamiento con balón con los tres pasos, manejo de balones, lanzamientos, recepciones, intercepciones.
  Actitudinales: Visión de equipo. Actitud de respeto a las normas del juego. Aceptación de las decisiones de otros. Respeto a los demás.

Dificultad: Media.   **Intensidad:** Media.

Nº de jugadores: se divide el grupo clase en 3 equipos.

Material: Dos neumáticos y un balón (rugby, balonmano, baloncesto).

Espacio: Pista de baloncesto, balonmano o patio abierto.

Descripción del juego: Consiste en "poner" el balón en la canasta baja.

Los círculos donde están las canastas bajas no se pueden pisar, tan sólo el atacante que lleva el balón que ha conseguido meter un pie en el círculo, tiene ya acceso libre para colocar el balón en la canasta baja. Se permiten tres pasos con el balón en las manos.

No se permite el bote. No se permite hacer ningún ruido para llamar la atención en los pases. No son válidos los pases muy largos. No se permite quitar el balón cuando un jugador lo tenga controlado en las manos. Hay que pisar la línea en los saques de banda.

Al sacar las faltas, los jugadores defensores deberán estar, como mínimo, a tres metros del balón. Un juez anota los tantos.

Variaciones: Introducir el bote con los balones de balonmano y baloncesto. Con el de baloncesto limitar los pasos a dos e introducir el pivotar. En vez de colocar el balón en las canastas bajas, se colocan dos jugadores dentro de estas, y a ellos hay que pasárselo para conseguir el tanto.

Observaciones: La elección de los equipos guardan las mismas normas y objetivos que en los juegos anteriores. Los colores de las camisetas o petos tienen idéntica importancia. Igualmente la ficha de anotaciones tiene su objetivo ya explicado en los anteriores.

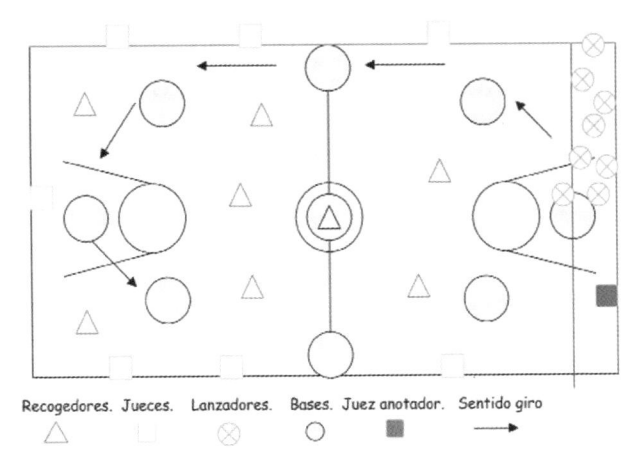

Habilidades de lanzamientos

Recogedores. Jueces. Lanzadores. Bases. Juez anotador. Sentido giro

Balón Base

Tipo de juego: Habilidades perceptivas. Percepción espacial y sensorial. Habilidades y destrezas básicas. Lanzamiento, recepción, desplazamientos, paradas, toma de decisiones. Cualidades físicas. Fuerza, tiempo de reacción, velocidad y resistencia.

Edad recomendada: a partir de 8 años

Objetivo: Realizar las acciones de lanzar, recibir e interceptar. Respetar normas y consignas. Aceptar decisiones de otros. Adaptarse a distintos roles en el juego. Mejorar el desplazamiento en velocidad, coordinándolo con la parada.

Contenidos:
  Conceptuales: Normas y reglas básicas del juego. Cambio de roles en el juego.
  Procedimentales: Habilidades básicas: Desplazamiento en carrera, manejo de balones, lanzamientos, recepciones, intercepciones.
  Actitudinales: Actitud de respeto a las normas del juego. Aceptación de las decisiones de otros. Respeto a los compañeros/as.

Dificultad: Media.   **Intensidad:** Media.

Nº de jugadores: dividir el grupo clase en 3 equipos.

Material: Un balón de rugby o de balonmano. Un neumático para la base central. Círculos pintados o señalados en el suelo para las demás bases.

Espacio: Patio abierto, pista de balonmano o baloncesto, explanada.

Descripción del juego:

- 3 equipos: Lanzadores. Recogedores. Jueces. (cada uno de un color: petos, camisetas). Se sortea el turno de participación.

- Los lanzadores, van lanzando el balón de uno en uno desde la base de salida Una vez lanzado se sale corriendo para dar la vuelta al circuito de bases que está pintado en el suelo. Cada vez que pase por la base de salida se le anota una vuelta a ese lanzador.

- Los Recogedores están distribuidos por toda la pista, intentando recoger el balón lanzado y pasárselo lo antes posible al recogedor que está en la base central con los pies dentro del neumático. Este recogedor grita "Alto" al recepcionar el balón. El lanzador que en ese momento esté corriendo queda eliminado, el que tenga un pie metido en una base sigue jugando pero tiene que esperar, en esa base, que otro lanzador lance, para poder continuar la carrera e intentar conseguir una vuelta. Si la base donde se ha parado es la de salida consigue anotar vuelta pero queda eliminado, para poder seguir en la carrera debe pararse en una base posterior a la de salida. En cada base sólo puede haber un lanzador, si llega un segundo este queda eliminado.

- Los Jueces son los que dicen qué lanzador está eliminado. Se eliminan cuando no llegan a la base antes de que el recogedor central diga "Alto" o si toma una "trocha" saltándose alguna base. Como mínimo los lanzadores tienen que pisar las bases o pasar por lo alto, para no ser eliminados.

- Cuando un lanzador lanza, y el balón es recepcionado por un recogedor antes de que toque el suelo, este grita "Aire" y el lanzador queda eliminado, los lanzadores que estaban en las bases no pueden avanzar.

- Detrás de la base de salida no se puede echar el balón, si esto ocurre los jueces cantan "Nulo"; al tercer "nulo" el lanzador que lo ha cometido queda eliminado (Los nulos serán también, según las zonas que haya en el patio en las que no se pueda realizar el juego sin ningún peligro).

- Uno de los jueces va anotando las vueltas de cada lanzador.

- Cuando todos los lanzadores han lanzado y aún quedan algunos en algunas bases, uno de los lanzadores eliminados, lanza el "Tiro de Salvación" última oportunidad para que estos que quedaban anoten vuelta.

- Al terminarse así, los que hacían de lanzadores pasan a ser Jueces. Los jueces pasan a ser Recogedores y los recogedores serán Lanzadores. Así se va rotando tantas veces como el tiempo de clase nos permita, para que cada equipo pase el mismo número de veces por Lanzadores.

Variantes: Cambiar el tipo de balón. Cambio en el tipo de bases (sillas y hay que sentarse para no quedar eliminado, o sentarse en la base en el suelo, o estar acostado, etc.)

Observaciones: La elección de los equipos se eligen alternando niño-niña en la elección. Se usan petos o camisetas de colores para crear un ambiente que permita diferenciarse físicamente y crear la sensación de equipo. Así los lanzadores ven con claridad a donde echar el balón. Cada vez que se juegue se lleva en cuenta un turno de capitanes para que todos pasen por la acción de elegir a sus compañeros para jugar.

Hay fichas para la anotación de las vueltas, trabajándose así la concentración y la atención cuando se anota.

Cada vuelta vale 10 puntos.

Cuando los tres equipos hayan pasado por Lanzadores, se comienza una nueva ronda.

Esta ficha permite anotaciones para 4 rondas.

NOTA HISTRICA: Este juego lo jugábamos en la Colonia de Vacaciones de "Accous", valle "d`Aspe", en el pirineo francés; en los años 78,79,80,81, 82. Esta colonia pertenece a "Le Landes", departamento 40 francés.

Habilidades de lanzamientos

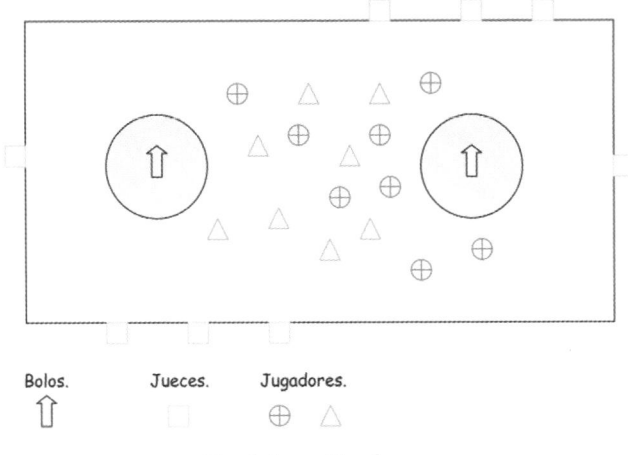

Bolos.	Jueces.	Jugadores.
⇧	□	⊕ △

Balón Bolo

Tipo de juego: Habilidades perceptivas. Percepción espacial y sensorial. Habilidades y destrezas básica. Lanzamiento, recepción, desplazamientos, paradas, toma de decisiones. Cualidades físicas: Fuerza, tiempo de reacción, velocidad y resistencia.

Edad recomendada: a partir de 8 años

Objetivo: Realizar las acciones de lanzar, recibir e interceptar. Respetar normas y consignas. Aceptar decisiones de otros. Adaptarse a distintos roles en el juego. Desplazamiento con balón, coordinándolo con los tres pasos y parada. Respetar a los compañeros.

Contenidos:
   Conceptuales: Normas y reglas básicas del juego. Cambio de roles en el juego. Juego gracias al equipo de enfrente.
   Procedimentales: Habilidades básicas: Desplazamiento con balón con los tres pasos, manejo de balones, lanzamientos, recepciones, intercepciones.
   Actitudinales: Visión de equipo. Actitud de respeto a las normas del juego. Aceptación de las decisiones de otros. Respeto a los demás.

Dificultad: Media.   **Intensidad:** Media.

Nº de jugadores: se divide el grupo clase en 3 equipos.

Material: Dos bolos y un balón.

Espacio: Pista de baloncesto, balonmano o patio abierto.

Descripción del juego:

Dos equipos juegan y un tercero hace de Jueces. Cada uno de los bolos se coloca en el centro del círculo de la zona de baloncesto, en caso de otra pista se pintarían dos círculos. El tanto consiste en derribar el bolo con el balón. No se pueden jugar dentro de los círculos. Si un jugador pisa con balón dentro de un círculo, la posesión del mismo pasa al otro equipo que tendrá que sacar desde este sitio. Los saques son libres, los jugadores del otro equipo deben colocarse como mínimo a tres metros del balón. No se puede usar el bote. Tres pasos máximo con el balón dominado. No se puede arrebatar el balón que está controlado en las manos. Ell balón se coge cuando esté en el aire o suelto. Defender procurando no tocar al atacante.

No se puede hacer ningún tipo de ruido para avisar que te pasen el balón.

En cada infracción el balón pasa al equipo contrario que debe realizar un saque desde donde se cometió la falta.

El saque de fuera de banda se realiza pisando la línea con un pie.

El equipo que anota tanto sale del juego y se convierten en jueces.

Los que hacían de jueces entra a jugar con el equipo que ha quedaba dentro.

Los jueces corren por las bandas frente al juego diciendo las infracciones que se cometen y el equipo que debe sacar.

Uno de los jueces anota el tanto antes de entrar a jugar.

Variaciones:

Balón de balonmano, baloncesto o de rugby.

Introducir el bote.

Dar sólo dos pasos con el balón en las manos.

No pisar la línea en el saque de banda.

Observaciones:

Importante la misión de los jueces para la aceptación de las decisiones de otros.

El no hacer ningún ruido para avisar de que le pasen hace que los jugadores tengan que mirar(levantar la cabeza) la situación de sus compañeros.

Los equipos se eligen alternando la elección niño-niña, haciendo turno para los capitanes/as a lo largo del curso.

Se usarán tres colores en los petos o camisetas.

La ficha de anotaciones la utilizamos para trabajar la atención, concentración, la responsabilidad, etc.

NOTA HISTÓRICA: Jugaba a este juego en el Colegio Menor de Archidona(Málaga) en los años 64,65 y 66, cuando estudiaba 1º y 2º del Bachiller Laboral.

Habilidades de saltos

Palo la luz

Tipo de juego: Habilidades y destrezas básicas. Desplazamientos. Saltos.

Edad recomendada: 10-12 años.

Objetivo: Mejorar la capacidad de salto.

Contenidos:

Conceptuales: Las Cualidades Físicas Básicas. Atletismo.

Procedimentales: Aprendizaje de distintos tipos de salto con una o dos piernas. Estudio de las fases del salto. Tipos de fuerza y su efecto inmediato. Estudio de anatomía: la columna vertebral.

Actitudinales: Prevención con una práctica responsable de los posibles riesgos derivados de la actividad física. Respeto hacia las posibilidades y limitaciones de nuestro propio cuerpo y el de los demás.

Dificultad: Alta.   **Intensidad:** Alta.   **Nº de jugadores:** Los que se quiera.

Material: Sin material.

Espacio: Grande.

Descripción del juego:

Dos grandes grupos. Un equipo, forma un círculo uniéndose unos a otros. Un compañero fuera del círculo pero junto a él, deberá evitar que los del otro equipo se suban encima de ellos.

Se sortea quien se la queda. En el momento que se captura a alguien del otro equipo intentando subirse al corro, se cambian los roles de los equipos. Si todos los miembros de un equipo logran subirse sobre los otros sin que se les haya capturado antes, y sin caerse, vuelta a empezar. Si cae alguno de ellos al suelo (puesto que los del círculo se mueven para provocar una caída), se cambian los roles.

Variantes: No tiene.

Observaciones: Cuidado con los saltos sobre los compañeros.

Habilidades de saltos

Paseo por el lago encantado

Tipo de Juego: Habilidades y destrezas básicas: saltos, desplazamientos.
Edad recomendada: A partir de los 6 años.
Objetivo: Mejorar la coordinación dinámica general.
Contenidos:
  Conceptuales: La cooperación como medio para la resolución de problemas.
  Procedimentales: Control corporal. Adaptación del movimiento corporal a estímulos externos. Coordinación de los movimientos propios con los de los compañeros.
  Actitudinales: Respeto a las normas del juego. Cooperación con los compañeros para alcanzar objetivos comunes.

Dificultad: Media.   **Intensidad:** Media.   **Nº de jugadores:** Más de 10.
Material: Aros.
Espacio: Cualquiera libre de obstáculos.

Descripción del juego:
Se delimita un determinado espacio dentro del cual se colocan todos los aros. Es un lago encantado que nadie puede pisar ya que si alguien cae a él se le congela el corazón. Sólo se puede pisar en el interior de los aros, que son piedras que sobresalen en la superficie del lago. Si alguien cae al lago queda congelado en el mismo lugar donde cayó y no puede moverse hasta que otro jugador le rescate. Para ello un jugador debe deshelar el corazón del compañero encantado dándole un fuerte abrazo. El objetivo del grupo es procurar que no haya jugadores encantados.

Variantes:
Siameses. Los jugadores forman parejas unidos por sus manos. Ahora, además de no poder pisar en el lago deben evitar que sus manos se separen. Flores venenosas. Picas colocadas sobre un ladrillo y situadas dentro de algunos de los aros pueden simular ser flores venenosas que nadie puede tocar. Introducir otros materiales para evitar que los jugadores pisen en el suelo: sillas, ladrillos, periódicos, etc.
Variar la forma en la que rescatar a los congelados.

Observaciones:

Habilidades de saltos

La liebre y el perro

Tipo de Juego: Habilidades y destrezas Básicas. Desplazamientos y saltos.

Edad recomendada: 8 - 9 años.

Objetivo: Dominar el cuerpo y las posibilidades motrices del mismo.

Contenidos: Saltos. Carreras.

Dificultad: Media. **Intensidad:** Media. **Nº de jugadores:** La clase entera.

Material: Un peto rojo.

Espacio: Campo de baloncesto.

Descripción del juego:

El perro lleva un peto y va encorriendo a la liebre. El resto de la clase están en cuadrupedia separados y ocupando todo el espacio.

La liebre corre por el espacio perseguida por el perro.

Cuando la libre salta por encima de algún compañero éste toma el papel de liebre y la antigua se coloca en cuadrupedia.

Variantes: Jugar a saltos y con los pies juntos. Poner dos liebres y dos perros.

Habilidades de saltos

Cebras, monos y peces.

Tipo de Juego: Habilidades y destrezas básicas.
Edad recomendada: 9 - 10 años.
Objetivo: Dominar el propio cuerpo y las posibilidades motrices del mismo.
Contenidos: Velocidad. Trepas. Saltos. Reptaciones.
Dificultad: **Intensidad:**
Nº de jugadores: Toda la clase.
Material: Picas, conos, colchonetas y espalderas.
Espacio: Gimnasio.
Descripción del juego:

Los alumnos se colocan en el centro del gimnasio corriendo al lado del profesor.

Cuando el profesor dice:

a) "Cebras": todos irán a las picas y saltarán en ellas.

b) "Peces": Todos deben ir a las colchonetas y nadar como los peces.

c) "Monos": Todos irán a las espalderas.

El alumno que lo haga el último quedará eliminado. El profesor dejará un rato para hacer los movimientos y los mandará volver al centro.

Habilidades de saltos

Saltar el río

Tipo de Juego: Habilidades y destrezas básicas: saltos.

Edad recomendada: 6-8 años.

Objetivo: Desarrollar el salto como habilidad básica a través de los juegos.

Contenidos:
  Conceptuales: Identificación del salto como habilidad básica.
  Procedimentales: Utilización de los saltos en los juegos.
  Actitudinales: Respeto al propio cuerpo y sus limitaciones.

Dificultad: Alta.   **Intensidad:** Alta.   **Nº de jugadores:** Indefinido.

Material: Cuerdas.

Espacio: Pista polideportiva o gimnasio.

Descripción del juego: Con todos los alumnos/as colocados a un lado de un "río" formado por cuerdas, a la señal del profesor/a deben saltarlo. Conforme van saltando de un lado para el otro vamos ensanchando el río.

Variantes: Atendiendo a la diversidad del alumnado, colocamos zonas del río con las orillas más próximas para facilitar su paso. También podemos utilizar aros como si fueran piedras sobre las que apoyarnos para cruzar saltando. Los alumnos/as, en función de sus capacidades, eligen la zona de salto.

Observaciones:

Representación gráfica:

Habilidades de saltos

El canguro

Tipo de Juego: Habilidades y destrezas básicas: Saltos.

Edad recomendada: De 6 a 10 años.

Objetivo: Mejorar la habilidad del salto.

Contenidos:

Conceptuales: El salto en el juego.
 Procedimentales: Experimentación y adaptación de las posibilidades del salto en diferentes situaciones.
 Actitudinales: Actitud de diversión y participación, no de competición.

Dificultad Media.   **Intensidad:** Media.

Nº de jugadores De 10 a 12 jugadores, la mitad del grupo clase.

Material: Pelotas o globos.

Espacio: Un espacio amplio, puede ser el patio, la pista o el gimnasio.

Descripción del juego: Los jugadores se sitúan sobre una línea colocados uno al lado de otro, con una pelota o globo entre las rodillas. A la voz de "YA", los niños/as comenzarán a desplazarse a saltos hasta llegar a la meta. Si a alguno se le cae la pelota, volverá a cogerla y saldrá desde el lugar donde la haya perdido.

Variantes:

Transportar diferentes objetos, un globo, una hoja de papel,...

Realizar la carrera con relevos.

Realizar la carrera con los ojos tapados, pero llevando a un compañero como lazarillo, que le indique la dirección que debe de seguir, pero sin tocarlo.

Observaciones:

Mientras juega la mitad de la clase el resto de compañeros, puede animar a los que están jugando, hasta que les toque a ellos.

Habilidades de saltos

Carera de periódicos

Tipo de Juego: Habilidades y destrezas básicas: Desplazamientos.

Edad recomendada: De 6 a 12 años.

Objetivo: Mejorar la coordinación dinámica general.

Contenidos:
   Conceptuales: Conocer la dinámica del juego.
   Procedimentales: Coordinación de movimientos.
   Actitudinales: Participación de forma activa en el juego.

Dificultad Media-baja.   **Intensidad:** Media-baja.

Nº de jugadores El grupo-clase.

Material: Hojas de periódico.

Espacio: Un espacio amplio, patio o gimnasio.

Descripción del juego:

Todos los jugadores se sitúan en la línea de salida colocándose sobre una hoja de periódico y teniendo preparada en la mano otra hoja.

A la señal de iniciación, cada jugador coloca delante de él la segunda hoja, saltando con los pies juntos sobre ella. Entonces se da la vuelta para recoger la que hay detrás. Luego coloca esta hoja delante y repite la misma operación.

La carrera sigue hasta alcanzar la línea de llegada.

Habilidades de desplazamientos

Jefe indio

Tipo de juego: Habilidades y destrezas básicas. Desplazamientos.

Edad recomendada: 8-12 años.

Objetivo: Favorecer el trabajo cooperativo.

Contenidos:
    Conceptuales: La velocidad de reacción. La coordinación de movimientos. Cooperación
    Procedimentales: Utilización de música como recurso didáctico. Análisis crítico de conductas contrarias a la labor de equipo. Valoración de la importancia de un buen entendimiento entre los distintos grupos para conseguir un resultado satisfactorio para todos.
    Actitudinales: Observación y valoración de los cambios que se producen en el propio cuerpo y en el de los demás tras la realización de ejercicio físico. Aceptación de la derrota/victoria como parte inherente al juego.

Dificultad: Media.   **Intensidad:** Alta.   **Nº de jugadores:** Los que se quiera.

Material: Casete.

Espacio: Reducido.

Descripción del juego:

Se colocan por parejas y formando un gran círculo. Uno de pie con las piernas abiertas (son las tiendas de los indios) y el otro delante de él y sentado en el suelo (indio delante de la tienda). Al comenzar la música, el indio debe pasar por debajo de las piernas del que está de pie dar vueltas alrededor del grupo. Al parar la música deberá pasar por debajo de alguno de los que está de pie para volver a sentarse. Los indios deben pasar totalmente por debajo de las piernas. El último en colocarse delante de la tienda queda eliminado junto con el compañero que hacía de tienda por lo que el círculo se va empequeñeciendo poco a poco.

Variantes: No tiene.

Observaciones: El juego se hace más divertido si se "engaña" a los participantes.

Habilidades de desplazamientos

El semáforo

Tipo de Juego: Habilidades y destrezas básicas.

Edad recomendada: 9 - 10 años.

Objetivo: Desarrollar la coordinación. Consolidar la percepción espacio temporal.

Contenidos: Coordinación dinámica y visomotriz. Velocidad de reacción.

Dificultad: Media.   **Intensidad:** Media.   **Nº de jugadores:** Toda la clase.

Material: 25 aros amarillos o naranjas, 25 verdes y 25 rojos.

Espacio: Campo de baloncesto.

Descripción del juego:

Dividida la clase en dos grupos, cada uno de los grupos se pone en la línea de fondo de su campo.

A cada grupo se le da un nombre (romanos y árabes). Cuando el profesor dice el nombre del equipo; estos deben ir al centro corriendo y coger un aro de cada uno de los colores del semáforo.

El último que llegue se va eliminando. Ganará el último que quede en cada equipo.

Variantes:

Por parejas de la mano y sin soltarse.

Poniendo números (semejante al pañuelo). Y que salga uno de cada equipo.

Observaciones:

Vigilar que cuando lleguen lleven os aros correctos.

En caso de que no sea así eliminar o quitar puntos.

Devolver los aros al centro cada vez y revolverlos.

Habilidades de desplazamientos

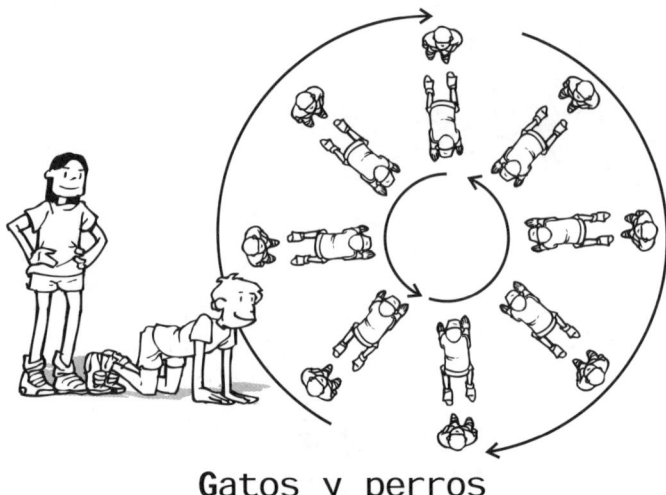

Gatos y perros

Tipo de Juego: Habilidades básicas.

Edad recomendada: Primer ciclo.

Objetivo: Trabajar la velocidad de reacción. Saber adaptar el cuerpo a las exigencias de la tarea.

Contenidos: Desplazamientos. Velocidad de reacción.

Dificultad: Media.   **Intensidad:** Media.

Nº de jugadores: Toda la clase.

Material: Ninguno.

Espacio: Gimnasio o similar.

Descripción del juego:

Los alumnos se colocaran por parejas formando un círculo, uno detrás de otro. Uno adquirirá el rol de perro y se pondrá detrás de pie, mientras que el otro de la pareja se colocará delante agachado entre las piernas de los perros y será el gato.

Cuando el profesor diga "Perros" los perros tendrán que correr dando una vuelta al círculo formado por todos los participantes y intentar llegar el primero de nuevo a su sitio. Si el profesor dice " gatos" se repetirá la misma operación.

El primero que llegue a su sitio se le dará un punto.

Intentar variar el rol de los participantes.

Variantes: Variar la manera desplazarse (a la pata coja, saltando, correr hacia atrás, lateral....). Botando un balón.

Observaciones: Los participantes tienen que correr alrededor del círculo y nunca meterse por dentro de él para acortar.

Habilidades de desplazamientos

Toco y no me tocan

Tipo de Juego: Habilidades perceptivas y de cualidades físicas.

Edad recomendada: A partir de 9 años.

Objetivos: Profundizar en el conocimiento del esquema corporal, la lateralidad y la velocidad tanto de reacción como de desplazamiento.

Contenidos: Profundización en el conocimiento del esquema corporal, la lateralidad y la velocidad tanto de reacción como de desplazamiento.

Dificultad: Media.   **Intensidad:** Media.   **Nº de jugadores:** De 20 a 30.

Material: Ninguno.

Espacio: Una pista de baloncesto o similar.

Descripción del juego:

Con música enérgica, y mientras dure la misma, cada persona trata de tocar a los otros en cualquier parte del cuerpo, evitando que a el le toquen en la parte del cuerpo indicada por el profesor. Al parar la música se indica una nueva parte del cuerpo.

Variantes: Se distribuyen en grupos de animales, y se mueven por la pista imitándoles, mientras intentar tocar el cuerpo de los compañeros.

Observaciones: Se debe procurar que alumno se mueva al ritmo de la música, para así crear un vínculo rítmico, que dirija sus acciones motrices.

Habilidades de desplazamientos

Quitar la cola al zorro

Tipo de Juego: Habilidades motrices básicas: Desplazamientos. Cualidades físicas: Velocidad de reacción.

Edad recomendada: De 6 a 12 años.

Objetivo: Desarrollar la velocidad de reacción a través de juegos.

Contenidos:
   Conceptuales: Desarrollo de la velocidad de reacción.
   Procedimentales: Desarrollo en la creatividad de estrategias en el juego.
   Actitudinales: Participación y cooperación en los juegos.

Dificultad Media, dependiendo de la edad.   **Intensidad:** Media-alta.

Nº de jugadores Toda la clase.

Material: Un pañuelo o similar de aproximadamente unos 30 cm., para cada niño /a.

Espacio: Espacio amplio, puede ser tanto al aire libre como en el gimnasio.

Descripción del juego:

El grupo, se encuentra distribuido libremente por el espacio, separados entre ellos y con el pañuelo colgado en la cintura. No está permitido agarrar el propio pañuelo con las manos, solo se podrá esquivar a los jugadores.

A la señal todos comienzan a correr y deberán conseguir el máximo de pañuelos sin que el propio sea atrapado.

Gana el jugador que en el tiempo que se haya marcado consiga más pañuelos, sin que le arrebaten el suyo. O bien, si todos han perdido el suyo, el que tenga el mayor número de ellos.

Variantes: El juego podría variar si se hace por parejas, por equipos con pañuelos de dos colores, desplazándose de una determinada manera, como por ejemplo, saltando, rodando, de rodillas,...

Observaciones: Además de la rapidez, se valorarán las estrategias que cada niño /a utilice en el juego, tanto para quitar pañuelos, como para que no le quiten el suyo.

Si el juego se realiza por equipos, se valorará más la cooperación entre los compañeros.

Habilidades de desplazamientos

La marioneta

Tipo de Juego: Habilidades y destrezas básicas: Desplazamientos.

Edad recomendada: De 6 a 10 años.

Objetivo: Mejorar la agilidad en diferentes tipos de desplazamientos.

Contenidos:
   Conceptuales: Diferentes formas de desplazarse.
   Procedimentales: Adaptación de la carrera a los distintos tipos de desplazamientos.
   Actitudinales: Participar de forma activa, aceptando las propias posibilidades y limitaciones.

Dificultad Media.   **Intensidad:** Media.

Nº de jugadores Toda la clase, dividida en grupos de 5 ó 6.

Material: Objetos para colocar como obstáculos en el circuito (conos, vallas, bancos suecos, escaleras, aros,....) Papel para realizar el muñeco y los segmentos corporales.

Espacio: Un espacio amplio con una pared lisa en uno de los lados, el gimnasio.

Descripción del juego:

Se colocan en el gimnasio tantos circuitos de obstáculos como equipos vayan a participar; y los jugadores en grupos de 5 ó 6 en fila india detrás de su circuito y cada uno dispondrá de los segmentos corporales recortados en papel. Al final de la pista estará colocado un muñeco de papel, en cual deberán pegar el segmento corporal que ha transportado cada miembro del equipo. Para realizar el recorrido deben pasar el circuito, saltando o reptando vallas o bancos suecos, rodeando conos, saltando aros, pasando por encima de escaleras tumbadas en el suelo,... (esto dependerá del material del que dispongamos).

Ganará el equipo que antes complete el muñeco.

Variantes: Las variantes del juego dependerán del material del que dispongamos.

Observaciones:

Habilidades de desplazamientos

La bombilla

Tipo de Juego: Habilidades y destrezas básicas: Desplazamientos.

Edad recomendada: De 6 a 10 años.

Objetivo: Mejorar la velocidad en el desplazamiento.

Contenidos:
  Conceptuales: Conocer las reglas y el desarrollo del juego.
  Procedimentales: Reaccionar ante una señal auditiva y desplazarse con velocidad.
  Actitudinales: Aceptar el papel que le corresponde como jugador en la práctica del juego.

Dificultad Media.   **Intensidad:** Media-baja.

Nº de jugadores: Media clase, de 12 a 15 jugadores como máximo.

Material: Tiza para pintar la bombilla en el suelo.

Espacio: Un espacio amplio, donde se pueda pintar en el suelo con una tiza.

Descripción del juego:

Con una tiza se dibujará en el suelo una bombilla.

Uno de los jugadores se colocará en el cuello de la bombilla, el resto, de uno en uno, van entrando a la bombilla según el turno establecido. El que se la queda plantea una idea, por ejemplo: "marcas de coches". El resto tiene que ir entrando en la bombilla diciendo un nombre del tema que se les ha pedido. Una vez todos dentro, el que se la queda gritará "BOMBILLA", y todos tienen que salir corriendo para no ser pillados. El que sea pillado pasará a colocarse en el cuello de la bombilla.

Observaciones: Una vez que se haya practicado el juego y se conozca bien el desarrollo del mismo, se puede dividir el espacio en dos campos, dibujar dos bombillas y jugar toda la clase a la vez.

Habilidades de desplazamientos

Banda de dos

Tipo de juego: Habilidades y destrezas (desplazamientos).

Edad recomendada: De 10 a 12 años.

Objetivo: Experimentar estrategias de juego y favorecer el acondicionamiento físico.

Contenidos:

Conceptuales: Los factores del juego: el espacio y el movimiento. Las cualidades físicas básicas: la resistencia.

Procedimentales: Desarrollar la resistencia aeróbica. Favorecer la asimilación de tácticas de cooperación/oposición. Elaborar diferentes estrategias de juego y adoptar la más apropiada en cada circunstancia.

Actitudinales: Respetar las reglas básicas del juego.

Dificultad: Alta.   **Intensidad:** Alta.

Nº de Jugadores: Gran grupo (2 equipos de unos 8 jugadores cada uno).

Material: Picas y ladrillos. Una bandera está formada por una pica introducida en un ladrillo.

Espacio: Terreno de juego dividido en dos mitades por una línea central y delimitado por dos líneas de fondo y dos laterales. En ambas mitades dos áreas de 1,5 metros de radio aproximadamente y dentro de ellas una bandera. Se pueden aprovechar las líneas y las áreas de un campo de balonmano o fútbol sala.

Descripción del juego:

El juego comienza con los dos equipos situados en sus respectivos campos. Continua intentando a través de diversas estrategias entrar en el campo contrario, sin ser tocados por los adversarios, con la finalidad de apoderarse de la bandera del otro equipo. Acaba, cuando un jugador de un equipo consigue llevar la bandera rival al campo propio.

Reglas: Unicamente te pueden pillar en el campo contrario, no en el propio. No está permitido entrar en el área propia, sí en la contraria. Si un jugador es pillado se convierte en prisionero y se coloca dentro del área. Si hay más de un prisionero se sitúan en cadena.

Los prisioneros son salvados si un compañero los toca. Vuelven a su campo con las manos arriba y sólo puede ser pillado quien les ha salvado. Si un jugador se apodera de la bandera rival y es pillado por un jugador del otro equipo antes de llegar a su campo, deja la bandera en el área y retorna a su campo. **Variantes:** Aumentar el número de banderas: 2,3,4.

Observaciones: Este juego aunque parece complicado es aprendido rápidamente por los alumnos-as y es, sin duda alguna, de los que más les gusta.

Habilidades de desplazamientos

Tula con salvación

Tipo de juego: Habilidades y destrezas (desplazamientos).

Edad recomendada: De 6 a 8 años.

Objetivo: Mejorar la coordinación (brazos/piernas) en la carrera y el acondicionamiento físico general.

Contenidos:

Conceptuales: Los desplazamientos: formas básicas. Las reglas básicas del juego.

Procedimentales: Modificar la amplitud del paso en función de las circunstancias del juego. Incidir en el mecanismo de percepción. Cooperación activa con los compañeros.

Actitudinales: Aceptar el papel que le corresponde como jugador en la practica del juego.

Dificultad: Media.   **Intensidad:** Alta.

Nº de Jugadores: Gran grupo.

Material: Aros pequeños.

Espacio: Superficie plana y delimitada.

Descripción del juego:

El juego comienza con un jugador que la liga (puede llevar un pequeño aro en la mano para distinguirlo del resto) y los demás distribuidos libremente por el terreno de juego. Continua intentando el que la liga de tocar a los demás, los cuales para no ser pillados deben decir el nombre de un compañero y abrazarse a él. Acaba, cuando todos los participantes han sido pillados.

Reglas: Los jugadores no pueden salir del terreno de juego delimitado.

Variantes: Dependiendo del número de jugadores la pueden ligar 2 o 3.

Observaciones: Se debe ser un tanto flexible y no alargar demasiado el juego sino pillan a todos o utilizar otro tipo de estrategias.

Habilidades de desplazamientos

La rueda

Tipo de juego: Habilidades y destrezas (desplazamientos).
Edad recomendada: De 8 a 10 años.
Objetivo: Mejorar la coordinación en desplazamientos grupales.
Contenidos:
    Conceptuales: La coordinación dinámica global. La relación de cooperación.
    Procedimentales: Desarrollar el equilibrio dinámico. Adaptar su desplazamiento a l
    de sus compañeros. Desplazamientos con giros y cambios de dirección.
    Actitudinales: Valorar la colaboración con los compañeros para conseguir el objetivo común del grupo.
Dificultad: Media.   **Intensidad:** Media.
Nº de Jugadores: Grupos de 5-7 jugadores.
Material: Sin material.
Espacio: Delimitado por paredes.
Descripción del juego:
El juego comienza con los jugadores dispuestos en círculo, cogidos de la mano, formando una rueda. Continua intentando desplazarse por todo el espacio apoyándose en las paredes, manteniendo la estructura de rueda. Acaba, cuando el grupo ha conseguido efectuar una o dos vueltas completas.
Reglas: No está permitido soltarse de las manos.
Mantener en todo momento la disposición de rueda.
Variantes: Engarzarse varias ruedas y desplazarse juntas.
Observaciones: Tener descansos entre vueltas para no marearse.

Habilidades de desplazamientos

Las estatuas

Tipo de juego: Habilidades y destrezas (desplazamientos).

Edad recomendada: De 8 a 10 años.

Objetivo: Mejorar la calidad de la carrera y la capacidad de ajuste postural.

Contenidos:

    Conceptuales: Los desplazamientos: la marcha y la carrera. El equilibrio estático.

    Procedimentales: Elegir(mecanismo de decisión)la forma adecuada de desplazamiento en función de las circunstancias del juego. Combinar marcha y carrera con paradas y cambios de dirección en función de estímulos variables.

    Actitudinales: Valoración del trabajo motor tanto por uno mismo como por los demás.

Dificultad: Media.   **Intensidad:** Alta.

Nº de Jugadores: Entre 12 y 15 jugadores(grupo medio).

Material: Sin material.

Espacio: Superficie plana, delimitada y dividida por una línea central.

Descripción del juego:

El juego comienza con un jugador que la liga colocado en la línea central, mientras el resto de los jugadores se colocan enfrente(en la línea de fondo). Continua cuando a la señal dada por el que la liga todos los jugadores deben atravesar la línea central, a la vez que este intenta tocar algún jugador. A los que toca los coloca en la línea central como estatuas(de la manera que quiera). Acaba, cuando todos los participantes han sido tocados o el último jugador que queda consigue pasar.

Reglas: Los jugadores no pueden salir del terreno de juego delimitado.

El jugador que la liga no puede ir hacia los jugadores, debe ser ellos quienes pasen.

Los jugadores que pasan no pueden tocar a las estatuas, si lo hacen se convierten en estatuas.

Las estatuas deben permanecer inmóviles.

Variantes:

Observaciones: Se debe adecuar la anchura del terreno al número de jugadores.

Habilidades de desplazamientos

El reloj

Tipo de juego: Habilidades y destrezas (lanzamientos/recepciones y desplazamientos).

Edad recomendada: De 8 a 10 años.

Objetivo: Desarrollar la coordinación óculo-manual y la velocidad de reacción.

Contenidos:

  Conceptuales: El pase y la recepción. Cualidades físicas básicas: la velocidad de reacción.

  Procedimentales: Realizar pases y recepciones, en situación estática, en acción de cooperación. Realizar carreras de relevos. Experimentar estrategias de juego: Cooperación y oposición.

  Actitudinales: Aceptación del hecho de ganar o perder sin menosprecio del contrario. Asumir el juego como elemento de disfrute.

Dificultad: Alta. **Intensidad:** Alta.

Nº de Jugadores: Dos equipos de 5-7 jugadores cada uno.

Material: Aros, 1 pelota, 1 pica y 1 ladrillo.

Espacio: Superficie plana.

Descripción del juego: El juego comienza con uno de los equipos situado en círculo y cada jugador dentro de un aro; el otro equipo situado en fila perpendicular al círculo y a su lado una pica sobre un ladrillo. Continua cuando a una señal dada los jugadores del círculo comienzan a pasarse el balón, a la vez que los jugadores en fila dan vueltas alrededor del círculo. Cada vez que el balón llega al jugador del que ha salido se contabiliza una hora y se sigue hasta que todos los jugadores de la fila hayan dado la vuelta al círculo. Acaba, en el momento que los equipos cambian de papeles y se contabiliza cual de los dos ha hecho más horas.

Reglas: Los jugadores de la fila no pueden salir hasta que el compañero que le precede no derribe la pica. El juego no se detiene aunque la pelota caiga al suelo.

Variantes:

Observaciones: Es perfectamente válido para el tercer ciclo de Primaria.

Juegos de desplazamiento

Caballería

Tipo de Juego: Habilidades y destrezas básicas. Desplazamientos.

Edad recomendada: 8-12 años.

Objetivo: Desarrollar la velocidad y mejorar las distintas formas de desplazamiento.

Contenidos:

    Conceptuales: La velocidad. La coordinación. Los desplazamientos.

    Procedimentales; Valoración de distintas formas de driblaje como medio para evitar obstáculos. Estudio de técnicas para mejorar la velocidad.

    Actitudinales: Observación de cambios producidos en el organismo tras la realización del ejercicio: sudoración, pulso, etc.

Dificultad: Baja.   **Intensidad:** Media.   **Nº de jugadores:** Los que se quiera.

Material: Sin material.

Espacio: Reducido.

Descripción del juego:

La situación de partida es una fila de jugadores situados unos junto a otros. El que se la queda dice el nombre de uno de los jugadores que están en fila y que debe salir corriendo hasta llegar a una marca situada frente a él, sin ser atrapado. En caso de que le pillen, se une al que se la quedaba y deben nombrar a otro jugador. En caso de llegar a la marca preestablecida sin ser atrapado, debe decir:. "Caballería" con lo que el resto de jugadores saldrán corriendo hasta la marca evitando ser atrapados por el que se la queda. Si logra coger a alguno, al igual que en el caso anterior, se une al que se la quedaba. Si no tiene muy claro que puede llegar la la marca, puede decir en cualquier momento caballería para que los demás salgan también.

Variantes: No tiene.

Observaciones: Acotar el espacio de juego. Solo se puede salir a la orden de "caballería".

Juegos de desplazamiento

Candela

Tipo de juego: Habilidades y destrezas básicas. Desplazamientos.

Edad recomendada: 8-12 años.

Objetivo: Desarrollar y consolidar la velocidad de reacción.

Contenidos:

    Conceptuales: La velocidad. La coordinación. Los desplazamientos.

    Procedimentales: Estudio de las distintas fases que intervienen en la velocidad. Aprendizaje de técnicas de desplazamiento y evasión.

    Actitudinales: Fomento del respeto por los demás. La cooperación como medio para conseguir un fin común.

Dificultad: Baja.   **Intensidad:** Media.   **Nº de jugadores:** Los que se quiera.

Material: Sin material.

Espacio: Amplio.

Descripción del juego:

Se define de antemano un capitán de grupo. Se colocan cuatro grupos en cada una de las esquinas de un cuadrado previamente establecido y un jugador en el centro, que es el que se la queda. El del centro pregunta a uno de los cuatro grupos: ¿Hay candela?, y el capitán responde: ¡Sí!, señalando al mismo tiempo a cualquiera de los otros tres grupos. El que pregunta sale, en ese momento, corriendo para intentar pillar a cualquier jugador/es del grupo que ha sido señalado antes de que ocupen cualquier otro lugar (cualquiera de las otras esquinas). Si no lo consigue, vuelta a empezar. Solo se sale cuando el jugador ha señalado a una esquina concreta. Todos los jugadores de todos los grupos deben cambiar de esquina obligatoriamente.

Variantes: Realizar el juego en espacio muy reducido. Que el que se la queda pueda pillar a cualquier jugador cuando se están realizando los cambios y no exclusivamente del grupo que ha sido señalado. Que los compañeros "pillados" se incorporen con el que se la quedaba a pillar.

Observaciones: Se recomienda espacio interior para delimitar mejor las cuatro zonas donde se situarán los niños. Eso permitirá igualmente tener diferentes grupos de juego.

Juegos de desplazamiento

Pilla letras

Tipo de juego: Habilidades y destrezas básicas. Desplazamientos.

Edad recomendada: 6-12 años.

Objetivo: Enriquecer el vocabulario básico.

Contenidos:

Conceptuales: La cooperación y su efectos inmediatos. Velocidad. Expresión oral. Desplazamientos.

Procedimentales: Creación de un diccionario de palabras utilizadas en distintos juegos. Deletreo de nombres de juegos. Invención de nuevos nombres para juegos conocidos por todos e inclusión de variantes en los mismos.

Dificultad: Baja.   **Intensidad:** Media.   **Nº de jugadores:** Grupos de 5-6.

Material: Sin material.

Espacio: Reducido.

Descripción:

Los miembros de un equipo inventan una palabra o frase con tantas letras como miembros formen el equipo, correspondiendo a cada jugador una letra que debe recordar. Cuando son capturados deben decirla a quien le capture. Cuando todos los miembros del equipo son pillados, el equipo contrario debe adivinar con las letras que corresponden a cada jugador que palabra o frase es la que formaron antes de iniciar el juego. Si no averiguan la palabra en un tiempo determinado, los capturados quedarán en libertad y ¡vuelta a empezar!.

Variantes No tiene.

Observaciones: Acotar el terreno de juego.

Juegos de desplazamiento

Aquí jugamos todos

Tipo de juego: Como sucede con la mayoría de los juegos que nos podamos plantear, si lo pretendemos "encasillar" en cuanto al tipo de habilidad o cualidad que permite desarrollar resulta difícil ya que aporta consecuciones en muchas de ellas.

Sí que podemos destacar su aplicación:

- en la mejora de los desplazamientos (cambios de dirección y de ritmo).
- en las conducciones.
- en el conocimiento y control del espacio de acción.
- en el desarrollo de las cualidades físicas básicas, con mayor incidencia en velocidad y resistencia.

Edad recomendada: Por su sencillez puede utilizarse para cualquier nivel de las diferentes etapas de primaria y secundaria, no obstante la mejor relación de consecuciones se obtiene en el segundo y tercer ciclo de Primaria.

Objetivos: Englobado en los objetivos generales que hacen referencia a:

Resolver problemas que exijan el dominio de patrones motrices básicos.

patrones motrices básicos para adaptar el movimiento a las condiciones de cada situación. El objetivo directo del juego será:

Conducir, llevar, guiar, una pelota

Independizar la atención de la conducción y del entorno.

Conseguir mayores niveles de interacción grupal.

Descubrir la ocupación de zonas del espacio en los juegos.

Podremos alcanzar diferentes objetivos que nos planteemos teniendo en cuenta la gran cantidad de variantes que permite el juego.

Contenidos:

    Conceptos: El juego colectivo. El juego con objeto.

    Procedimientos: Desplazamientos por el espacio en presencia de un objeto. Consecución del objeto.

    Actitudes: Respeto de reglas simples, creadas en común y aceptadas en común.

Valoración de la diversión en el juego por encima del rendimiento. **Dificultad:** Baja.
Intensidad: Alta   **Número de jugadores:** Adaptable a cualquier número.
Material: Pelotas de cualquier tipo, tamaño, incluso estado de conservación.
Espacio: Siempre teniendo en cuenta la seguridad de los niños procuraremos manejar unos cuatro metros cuadrados por cada participante.

Dependiendo del espacio que pretendamos que el alumno domine, la flexibilidad del juego permite adaptarlo a cualquiera de ellos.

El espacio es uno de los elementos que nos permitirán flexibilizar el juego, reduciéndolo conseguiremos incidir en la mejora de la calidad de las acciones y aumentándolo haremos mayor hincapié en el nivel de activación del mismo.

Descripción del juego:

La forma ideal de presentación sería aquella en la que los niños van reglando por si mismos el juego según las necesidades del mismo, espacio para desplazarse, forma de llevar la pelota, número de pelotas, acciones permitidas, momentos de descanso, preferencia de una u otra forma de conducción

La puesta en marcha del juego que pretendemos alcanzar resulta muy sencilla, se establece un espacio como referencia, las premisas a seguir son las siguientes:

- se van a poner en juego pelotas para los niños.

- el niño que consiga tener una pelota deberá conducirla o portarla (según el objetivo que nos hayamos planteado conseguir) por todo el espacio (en la dirección que quiera).

- el niño que no tenga pelota deberá tratar de conseguirla.

- la forma de conseguirla será arrebatarla en el caso de conducción con el pie y tocar al que la lleva en el caso del porte, en este segundo supuesto la persona que lleva la pelota la deja en el suelo y debe ir a por otra inmediatamente.

- se ponen tantas pelotas en juego como niños menos una, el número de pelotas en juego a partir de ahí lo marca el maestro, retirando pelotas (con lo que mayor nº de participantes "perseguirán") para aumentar la intensidad y la participación y poniendo más en juego para reducirla.

- como se puede observar no hay vencedores ni vencidos sino jugadores.

- cuando hay duda sobre el funcionamiento del juego, sólo con empezar a jugar estas desaparecen.

Variantes:

La mayor riqueza de este juego (aparte su sencillez) puede ser la casi infinita cantidad de variaciones que nos permite:

- la variante más rica es aquella en la que los propios niños establecen paulatinamente la reglamentación del juego, según las necesidades que perciben, dejar escapar antes de tocar, no seguir al que nos acaba de arrebatar el motil...

- como ya referíamos en la descripción podemos variar el tamaño del espacio de juego hasta el límite que cada profesor considere oportuno pudiendo llegar en espacios grandes y con recovecos hasta un "esconderse con la pelota".

- la conducción de la pelota podría hacerse con diferentes partes del cuerpo, podría trabajarse el bote.

- pueden marcarse zonas del espacio prohibidas y en las que si se queda la pelota está retenida.

- el juego permite adaptación a cualquier elemento, puede hacerse con conducciones con el pie, llevando la pelota en la mano y deteniéndose y entregándola al compañero cuando nos toca.

- puede aumentarse la dificultad añadiendo el pase, con lo que se jugaría siguiendo la misma dinámica pero variando los agrupamientos.

- cuando se domina el espacio y también se domina el objeto puede servir para practicar primeras etapa s de pase (auto pase)sencillamente añadiendo la regla de que solo podemos recuperar el balón si este está en contacto con la persona por lo que se permitirá deshacerse de él momentáneamente lanzándolo y recuperándolo inmediatamente o soltándolo del pie para intentar alcanzarlo de nuevo.

Observaciones:

A pesar de la alta intensidad esta se adapta a las posibilidades de cada niño, posibilita la participación de todos con niveles de intensidad adaptados a las posibilidades individuales.

La sencillez de la dinámica de funcionamiento permite integrar a todos los niños del grupo clase ya que da protagonismo a todos en algún momento, no exige elevados niveles de comprensión ni de rendimiento.

La principal razón de aventurarme a la puesta en común de este juego radica precisamente en la característica de aplicable, puede ser usado en diferentes momentos de la sesión(calentamientos, juegos, predeportes...),para todo tipo de actividad a desarrollar en la parte principal (desplazamientos, conducciones, pases, bote...), verbalización de sensaciones y sentimientos (fatiga, superación, integración...), en cualquier espacio, con cualquier número de alumnos, sin exigencia a nivel de cualificación, adaptable una vez conocida su dinámica a cualquier unidad didáctica sin pérdida de tiempo de actividad en explicaciones, proporciona autonomía en la resolución de conflictos puntuales...

Por último "garantizar" que "siempre sale bien".

Juegos de desplazamiento

Alla frutta (Italia)

Tipo de juego: Habilidades y destrezas básicas: desplazamientos.

Edad recomendada: A partir de los 8 años.

Objetivo: Mejorar la velocidad de reacción.

Contenidos:

    Conceptuales: Conocimiento de la forma de juego en otras culturas.

    Procedimentales: Control corporal. Adaptación del movimiento a estímulos externos. Coordinación del movimiento propio con el de los compañeros.

    Actitudinales: Respeto a las normas del juego. Aceptación del rol que le corresponda. Valoración de las manifestaciones culturales jugadas de otros pueblos.

Dificultad: Baja.   **Intensidad:** Media.   **Nº de jugadores:** De 7 a 9 por grupo.

Material: Ninguno.

Espacio: Cualquiera libre de obstáculos.

Descripción del juego:

Todos los jugadores forman un círculo uniendo sus manos, excepto uno que se la queda y se aleja del círculo formado. Cada jugador se pone entonces el nombre de una fruta, varios jugadores pueden tener el mismo nombre. Cuando lo han hecho llaman al que se la queda, el cual se acerca al círculo y dice: «Alla frutta... (y un nombre de fruta)» («A la fruta...»). Si alguien de los que forman el círculo tiene ese nombre grita "Sono io" («Soy yo»). En ese instante el que se la queda trata de tocar a ese jugador (o jugadores) y el círculo trata de impedirlo girando a un lado y a otro. Cuando el jugador es tocado pasa a quedársela reiniciándose el juego.

Si durante este proceso el círculo se rompiera, el que se la queda elige a uno de los dos jugadores que separaron sus manos para que se la quede.

Variantes: Los jugadores forman una fila, en lugar de un círculo. Todos los participantes, el que se la queda y los que forman un círculo tienen que desplazarse de una forma determinada. El que se la queda lleva una pelota blanda con la que intenta golpear al jugador que tiene el nombre de la fruta que ha nombrado.

Observaciones:

Juegos de desplazamiento

Atrapa la piedra (Grecia)

Tipo de Juego: Habilidades y destrezas básicas: desplazamientos. Cualidades físicas: tiempo de reacción, velocidad.

Edad recomendada: A partir de los 10 años.

Objetivo: Disminuir el tiempo de reacción. Mejorar la velocidad en los desplazamientos.

Contenidos:
Conceptuales: El tiempo de reacción. Conocimiento de la forma de juego en otras culturas.
Procedimentales: Adaptación del movimiento a estímulos externos. Utilización de las habilidades básicas (desplazamientos) de forma adecuada para la resolución de problemas.
Actitudinales: Respeto a las normas del juego. Aceptación del papel que le corresponde desempeñar durante el juego. Valoración de las manifestaciones culturales jugadas de otros pueblos.

Dificultad: Media.   **Intensidad:** Media.   **Nº de jugadores:** De 6 a 10 por grupo.

Material: Una piedra pequeña.

Espacio: Exterior con un árbol a unos diez metros de una línea que se traza en el suelo.

Descripción del juego:

Todos los jugadores, excepto uno, se colocan de pie detrás de una línea trazada en el suelo, uno junto a otro, con las manos juntas y los pulgares hacia arriba, pero dejando un pequeño hueco entre sus manos. El jugador libre, con una piedra pequeña, va pasando por delante del resto fingiendo poner la piedra en las manos de alguno o colocándola realmente. La persona que recibe la piedra debe correr y tocar la meta antes de ser alcanzado por cualquiera de los otros. Si lo consigue pasa a ser él el que deposite la piedra en el siguiente juego; en caso de ser tocado por cualquiera de sus compañeros esta acción le corresponderá al que le tocó.

El jugador que recibe la piedra puede echar a correr cuando quiera, no tiene por qué hacerlo inmediatamente.

Variantes: El lanzamiento inicial hay que realizarlo de una determinada forma: con la mano izquierda, chutando la pelota, lanzándola por debajo de una pierna, etc.

Observaciones: Un jugador que no tiene la piedra puede amagar que sale corriendo y hacer que otro jugador traspase la línea. En este caso el jugador que sobrepasó la línea deja el juego hasta la siguiente ronda. A veces sucede incluso que un jugador que no lleva la piedra salga corriendo hacia la meta y sea perseguido por uno o varios jugadores; entonces, se detiene y abre las manos diciendo "¡Yo no la tengo!"; en este caso todos los que le persiguieron y él mismo dejan el juego hasta la siguiente ronda. Estas estrategias hacen el juego muy interesante.

En caso de no disponer de un árbol se puede trazar una línea paralela a la de inicio o colocar una pica en vertical sujetándola con un ladrillo o con un cono.

Juegos de desplazamiento

Banog-banog (Filipinas)

Tipo de Juego: Habilidades y destrezas básicas: desplazamientos.
Edad recomendada: A partir de los 6 años.
Objetivos: Mejorar la respuesta ante un estímulo.
Contenidos:
  Conceptuales: Comparación de las formas de juego de otras culturas con las de la propia. Relación entre el juego y otras manifestaciones culturales: cuentos y leyendas.
  Procedimentales: Coordinación de los desplazamientos con los del grupo. Velocidad de reacción.
  Actitudinales: Respeto a las normas del juego. Aceptación del papel que le corresponda desempeñar durante el juego.
Dificultad: Baja.   **Intensidad:** Media.   **Nº de jugadores:** De 6 a 10 por grupo.
Material: Ninguno.
Espacio: Cualquiera libre de obstáculos.
Descripción del juego:

Un jugador hace de banog o halcón, otro de gallina y el resto de pollitos. Los pollitos se colocan en fila, detrás de la gallina, agarrándose de la cintura del de delante. Esta fila no se puede romper, si esto sucede el pollito que rompe la fila puede ser capturado por el halcón hasta que se vuelva a agarrar al que tenía delante.

El halcón se mueve tratando de atrapar al último pollito de la fila, que es el único desprotegido, o tratando de que la fila se rompa para poder atrapar a algún otro. Cuando lo consigue, el pollito atrapado pasa a ser halcón, el halcón se convierte en gallina y la gallina es un pollito más.

Variantes: Variar la forma en que debe agarrarse el grupo.
 Observaciones:

El nombre "Banog - banog" significa "El halcón". Este juego pretende reproducir la leyenda de un halcón que, para mantenerse siempre joven debía alimentarse con la sangre de pollitos recién nacidos. Esta leyenda, al igual que el juego o variantes del mismo, la encontramos en infinidad de pueblos y culturas.

Juegos de desplazamiento

Agwan base (Filipinas)

Tipo de Juego: Habilidades y destrezas básicas: desplazamientos.

Edad recomendada: A partir de los 10 años.

Objetivos: Mejorar la velocidad en desplazamiento. Adaptar el movimiento a estímulos externos.

Contenidos:
  Conceptuales: Conocimiento de la forma de juego en otras culturas. La táctica de equipo.
  Procedimentales: Adaptación del movimiento a estímulos externos. Utilización de las habilidades básicas (desplazamientos) de forma adecuada para la resolución de problemas. Elaboración de tácticas grupales para obtener el objetivo del juego.
  Actitudinales: Respeto a las normas del juego. Sacrificio en pro de un beneficio colectivo. Valoración de las manifestaciones culturales jugadas en otros pueblos.

Dificultad: Alta.   **Intensidad:** Media.   **Nº de jugadores:** A partir de 20.

Material: Ninguno.

Espacio: Exterior y amplio, preferentemente con árboles en los extremos.

Descripción del juego:

Se traza una línea central que divide el espacio de juego en dos campos iguales. Los jugadores se reparten en dos equipos fácilmente reconocibles, cada uno de los cuales ocupa un campo. El objetivo de cada uno de los equipos es que uno de sus jugadores toque una meta previamente determinada situada en el campo contrario: un árbol, una roca...

Todo jugador situado en campo contrario puede ser congelado, para ello basta con que un jugador del otro equipo lo toque. Todo jugador congelado puede ser descongelado, para ello basta que un jugador libre de su propio equipo lo toque.

Gana el equipo que consigue tocar la meta situada en campo contrario.

Variantes: Trazar, alrededor de cada una de las metas, un círculo que no puede ser pisado por los defensores.

Marcar varias metas en cada campo, cada una de las cuales tiene una determinada puntuación. **Observaciones:**

Aunque lo ideal es disponer de árboles, en caso de no tenerlos podemos optar por colocar una pica verticalmente, sujeta con un ladrillo o con un cono.

Juegos de desplazamiento

Tom Tiddler's ground (Gran Bretaña)

Tipo de Juego: Habilidades y destrezas básicas: desplazamientos. Cualidades físicas: velocidad.

Edad recomendada: A partir de los 6 años.

Objetivos: Mejorar la velocidad de desplazamiento. Disminuir el tiempo de reacción.

Contenidos:

   Conceptuales: Conocimiento de la forma de juego en otras culturas.

   Procedimentales: Velocidad de reacción. Adaptación del movimiento a estímulos externos. Utilización de las habilidades básicas (desplazamientos) de forma adecuada para la resolución de problemas.

   Actitudinales: Respeto a las normas del juego. Aceptación del rol que le corresponda. Valoración de las manifestaciones culturales jugadas en otros pueblos.

Dificultad: Baja.   **Intensidad:** Media.   **Nº de jugadores:** De 6 a 12 por grupo.

Material: Ninguno.

Espacio: Cualquiera libre de obstáculos.

Descripción del juego:

Se delimita una zona como tierra de Tom Tiddler. Un jugador se la queda y hace de Tom Tiddler. Este jugador no puede salir nunca del espacio delimitado. El resto entran cuando quieren en su tierra simulando recoger plata y oro. Cuando el que se la queda quiere los persigue, tratando de tocar a alguno antes de que abandonen su tierra. Si lo consigue, el jugador tocado se convierte en el nuevo Tom Tiddler.

Variantes: Variar la forma de desplazamiento. Disponer varios aros dentro de la tierra de Tom Tiddler, en los cuales los jugadores están a salvo.

Observaciones:

En la actualidad se practica, con el mismo nombre, una variante de este juego. En ella, cada jugador coloca un pañuelo en el espacio delimitado como tierra de Tom Tiddler. Los jugadores entran en la tierra de Tom Tiddler para hacerse con uno de los pañuelos, el jugador que lo consigue está a salvo y espera a la finalización del juego. Si un jugador es tocado por el que hace de Tom Tiddler, ambos jugadores intercambian sus papeles y el juego se reinicia. En caso improbable de que todos los jugadores consigan hacerse con un pañuelo el juego vuelve a comenzar con la misma persona haciendo de Tom Tiddler.

Juegos de desplazamiento

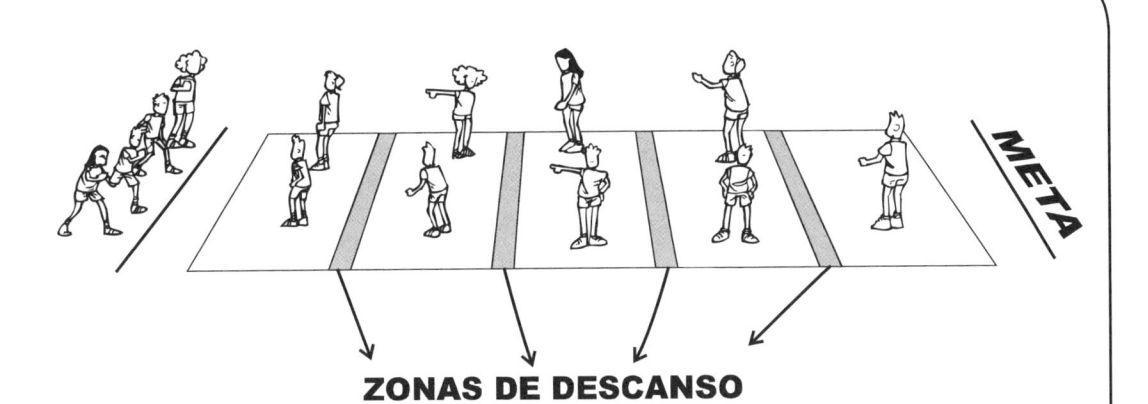

ZONAS DE DESCANSO

Come - cocos

Tipo de Juego: Habilidades y destrezas básicas. Desplazamientos.

Edad recomendada: 11 - 12 años.

Objetivo: Mejorar adecuadamente los movimientos de percepción, decisión y ejecución que intervienen en la E.F , adecuándolos a la resolución de problemas.

Contenidos: Dominio de los mecanismos de percepción y decisión. Dominio los esquema motores básicos. daptación del movimiento genérico a las habilidades básicas como movimiento organizado.

Dificultad: Alta.   **Intensidad:** Media.

Nº de jugadores: La clase dividida en dos grupos.

Material: Petos para un equipo.

Espacio: Todo el espacio disponible.

Descripción del juego: Se dividen los dos equipos en parejas. Una pareja tratara de pasar a través de los espacios que defienden las parejas del equipo contrario que tratan de cogerlos.

Los que defienden no pueden salir de parcela y los que tratan de pasar pueden descansar en una zonas determinadas y previamente marcadas.

A cada señal del profesor saldrá una pareja.

Cuando todas las parejas han pasado o las han cogido pasar más alumnos al otro lado.

Variantes:

Jugar sin zona de descanso.

Jugar llevando un pañuelo y tienen que coger el pañuelo en vez de los participantes.

Observaciones: Dar tiempo a que una pareja pase al otro lado o sea eliminada antes de dar la salida a ala siguiente.

Juegos de desplazamiento

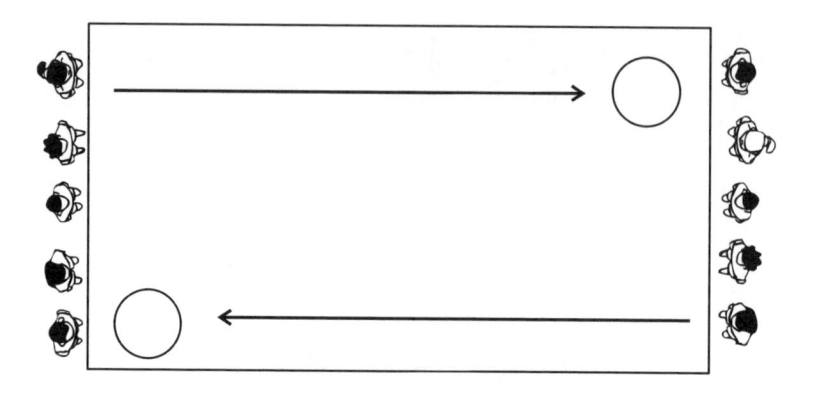

Relevos con aros

Tipo de Juego: Habilidades y destrezas básicas. Desplazamientos.

Edad recomendada: 9 - 10 años.

Objetivo: Mejorar las habilidades básicas. Despertar el interés por el juego en equipo.

Contenidos: Desplazamiento. Conocimiento de grupo.

Dificultad: Media.   **Intensidad:** Media.

Nº de jugadores: La clase en dos equipos.

Material: 2 aros y 2 ringos.

Espacio: Campo de baloncesto.

Descripción del juego:

Colocados los dos equipos en la línea de fondo del campo y un aro en cada uno de los fondos.

A la señal del profesor el primero de cada fila con el ringo en la mano sale corriendo hacia el aro contrario y pasa de los pies a la cabeza por el interior del aro (debe coger el aro del suelo y volverlo a dejar); vuelve corriendo a su fila y le entrega el ringo al siguiente ...etc.

Ganará el equipo que lo consiga antes que el otro equipo.

Variantes: Pasar el aro de la cabeza a los pies.

Poner otro aro en el centro y que sea común para los dos equipos de modo que el que llegue primero hará esperar al contrario.

Juegos de desplazamiento

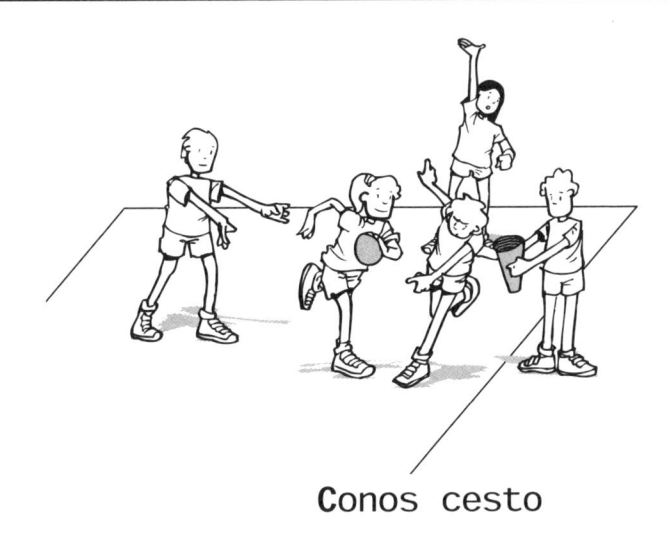

Conos cesto

Tipo de Juego: Habilidades y destrezas básicas.

Edad recomendada: 11- 12 años.

Objetivo: Despertar el interés por el juego en equipo. Mejorar las habilidades básicas.

Contenidos: Pase. Recepción. Ayudas de grupo.

Dificultad: Alta.   **Intensidad:** Alta.

Nº de jugadores: Toda la clase en dos equipos.

Material: 2 conos anchos de base y una pelota de balonmano.

Espacio: Campo de baloncesto.

Descripción del juego:

En los fondos habrá un jugador de cada equipo con un cono en la mano y podrá moverse a través de la línea pero no sobre pasarla.

Los otros jugadores tratan de acercarse a el pasando o botando la pelota (reglas de balonmano) y de lanzar a meter la melota dentro del cono.

El otro equipo tratará de impedirlo o de interceptar la pelota luego meterla en un cono en el otro fondo.

Cada vez que se meta, vale por un tanto y se saca de centro.

Hay dobles, pies, pasos, fueras, etc......igual que en balonmano.

Variantes: Poner áreas para obligar a tirar de lejos. Jugar en parejas de la mano.

Juegos de desplazamiento

El filtro

Tipo de Juego: Motor, habilidades básicas.

Edad recomendada: A partir de 6 - 7 años.

Objetivo: Trabajar los desplazamientos. Trabajar la resistencia de forma lúdica.

Contenidos: Desplazamientos. Carrera.

Dificultad: Media.   **Intensidad:** Alta.

Nº de jugadores: Grupo clase.

Material: Ninguno.

Espacio: Gimnasio o campo de baloncesto.

Descripción del juego:

Los jugadores se distribuiran en dos grupos. Uno en forma de filto que se colocara en el medio del campo y otro en un lado del campo.

Los componentes del filtro están en posición estática, moviendo solo brazos y tronco e intentarán tocar a los miembros del grupo contrario, que pasarán de un lado al otro del filtro.

Los tocados pasarán a formar parte del filtro, así sucesivamente hasta que tos los participantes se convierten en filtro.

Variantes: Empieza siendo el filtro tan solo un par de jugadores.

Filtro en diferentes posturas.

El filtro se puede desplazar pero solo de lado a lado, no de arriba a bajo.

Observaciones: Vigilar que el filtro se está estático o se desplaza correctamente.

Juegos de desplazamiento

Carrera de gusanos

Tipo de Juego: Habilidades básicas.

Edad recomendada: Infantil y primer ciclo.

Objetivo: Trabajar la habilidad básica de reptación. Potenciar diferentes aprendizajes de desplazamientos en el niño. Es un juego socializador del grupo

Contenidos: Recepciones. Desplazamientos.

Dificultad: Baja.   **Intensidad:** Baja.

Nº de jugadores: Toda la clase.

Material: Ninguno.

Espacio: Gimnasio o similar.

Descripción del juego:

Se traza una línea de salida y otra de meta. Cada equipo forma una fila detrás de la línea de salida, con las piernas abiertas y cogiéndose de los hombros. A la señal, el último jugador de la fila pasa por debajo de las piernas de sus compañeros.

Al llegar al principio, se pone de pie y y el primero pone sus manos sobre el recién legado; en entonces sale el último de la fila y hace lo que el anterior.

Ganará el equipo que primero cruce con todos sus miembros la línea de meta.

Variantes: Puede pasar el jugador llevando una pelota o cualquier otro objeto en la mano.

Observaciones: Evitar que los que no estén pasando doblen las piernas o se agachen ya que impedirán el paso de sus compañeros

Juegos de desplazamiento

Manos y pies

Tipo de Juego: Habilidades básicas.

Edad recomendada: Infantil y primer ciclo.

Objetivo: Trabajar los desplazamientos. Tomar conciencia de la lateralidad. Potenciar el equilibrio.

Contenidos: Lateralidad. Desplazamientos. Equilibrio.

Dificultad: Media.   **Intensidad:** Media.   **Nº de jugadores:** Toda la clase.

Material: Piedras o conos semiesférios rígidos y aros.

Espacio: Espacio abierto o gimnasio.

Descripción del juego:

Los conos y los aros se distribuirán alternativamente por todo el espacio.

Los alumnos deberán desplazarse según las órdenes del profesor por todo el espacio (los desplazamientos se pueden realizar corriendo, andando de puntillas, saltando con pies juntos, a cuadrupedia ....).

Cuando el profesor diga: " mano derecha a un aro". Los alumnos correrán a meter su mano derecha en un aro. Y cuando diga: " mano izquierda a un aro", Los alumnos correrán a meter su mano izquierda en un aro.

Por el contrario si el profesor dice " a una piedra". Los alumnos deberán ir a una piedra o cono rígido y subirse a él intentando mantener el equilibrio y no pisar el suelo.

Variantes:

Variar los desplazamientos (a la pata coja, saltando pies juntos).
Realizarlo por parejas los desplazamientos.
Alternar manos y pies a meter dentro del aro.
Realizarlo botando una pelota si la tarea resulta sencilla.

Observaciones:

Para subir la dificultad de la tarea llevar botando un balón
Decir el color de un aro y todos deben entrar en ese aro.

Juegos de desplazamiento

La varita

Tipo de Juego: Habilidades básicas.

Edad recomendada: 10 - 11 años.

Objetivo: Trabajar la carrera y velocidad de manera motivante. Potenciar el trabajo de grupo. Aprender a desarrollar estrategias dentro del juego.

Contenidos: Velocidad. Desplazamientos. Estrategias y juego en equipo.

Dificultad: Alta.   **Intensidad**: Alta.   **Nº de jugadores**: De 14 a 30 lo ideal.

Material: Petos de colores.

Espacio: Campo de baloncesto.

Descripción del juego:

Se forman dos equipos. El uno ataca y el otro defiende. Uno del los componentes del equipo atacante lleva en la mano una varita (cualquier objeto). Los componentes del equipo contrario, intentarán llegar al campo contrario sin ser cogidos.

En el momento de que alguno de los atacantes sean cogidos, se quedarán junto a la persona que los ha cogido (y está no podrá coger a nadie más).

La finalidad del juego es conseguir que mediante estrategias al componente del equipo que lleva la varita llegue al final del campo contrario sin ser cogido.

Variantes:

Se puede ampliar a dos componentes que posean la varita.

Los que han sido cogidos pueden ser salvados por sus compañeros sin son tocados por alguno de ellos.

Observaciones:

Cuando uno es cogido deberá permanecer al lado de la persona que lo ha cogido para que esta no pueda coger a nadie más.

Intentar que hagan estrategias para defender al contrario.

Juegos de desplazamiento

La marioneta

Tipo de Juego: Habilidades básicas.

Edad recomendada: Desde los 4 años.

Objetivo: Desarrollar las habilidades básicas. Trabajar los desplazamientos. Potenciar el conocimiento de los segmentos corporales.

Contenidos: Conocimiento del cuerpo. Desplazamientos.

Dificultad: Media.   **Intensidad:** Alta.   **Nº de jugadores:** Grupo de clase.

Material: Objetos para colocar obstáculos. Papel para realizar el muñeco y los segmentos corporales.

Espacio: Clase o gimnasio.

Descripción del juego:

Se colocarán los jugadores en grupos de seis, colocados en fila india, delante de cada uno de ellos habrá colocados diferentes segmentos corporales recortados de papel.

Al final de la pista estará situado un muñeco de papel, en cual deberán pegar el segmento corporal que se ha cogido previamente.

Para realizar este recorrido se deberán esquivar los diferentes obstáculos dispuestos por toda la pista.

El profesor será el encargado de decidir el segmento corporal que se debe coger.

Ganará el equipo que antes complete el muñeco.

Variantes:

Para trabajar la lateralidad tienen que pasar todos los obstáculo e ir a meter la mano que dice el profesor dentro de un aro colocado al final en vez de ir a pegar el muñeco.

Colocarle al muñeco diferentes prendas de vestir. Introducir elementos en la cara (<<ojos, mejillas, boca...) Sin obstáculos variando los desplazamientos.

Juegos de desplazamiento

Las islas

Tipo de Juego: Desplazamientos.

Edad recomendada: Desde 4 años hasta 12.

Objetivos: Mejorar la velocidad. Desarrollar la capacidad de reacción. Mejorar la agilidad en los desplazamientos.

Contenidos:
   Conceptuales: La importancia de la atención en el tiempo de reacción. Conocer la dinámica del juego.
   Procedimentales: Reaccionar con velocidad a una señal dada. Apreciación de distancias y velocidades.
   Actitudinales: Participación de forma activa en el juego. Disfrutar del juego independientemente del resultado.

Dificultad Baja.   **Intensidad:** Media.   **Nº de jugadores** De 6 a 9 por grupo.

Material: Ninguno.

Espacio: Un patio amplio.

Descripción del juego:

Se colocan en el campo de juego un número menor de "ISLAS" (salves, seguros) que de niños/as. Al dar una señal que puede ser una palmada , un silbido , hay que salir corriendo lo más rapidamente posible y llegar a salvarse a una de las islas , el último sin isla , queda eliminado.

Después se van quitando las islas de una en una hasta que hay un campeón.

Las islas pueden ser: un poste, una puerta, una esquina, una caja etc...

Observaciones:

Entre los valores a destacar son :
Valorar el juego como medio de ocio y de recreo.
Disfrute por jugar con los semejantes .
Respeto por los demás.
Aceptación de las propias posibilidades.

Juegos de desplazamiento

La carrera extravagante

Tipo de Juego: Desplazamiento.

Edad recomendada: Desde 8 a 12 años. Segundo y Tercer ciclos de educación primaria.

Objetivos: Mejorar la velocidad. Desarrollar la agilidad.

Contenidos:

Coceptuales: Desarrollar la atención. Conocer la dinámica del juego.

Procedimentales: Desarrollar cambios de ritmo y dirección en la carrera. Cooperar con compañeros/as para obtener un fin común.

Actitudinales: Fomentar el compañerismo. Saber perder antes que saber ganar. Confianza en las propias posibilidades. Fomentar la coeducación en el juego.

Dificultad Alta.   **Intensidad:** Alta.   **Nº de jugadores:** Unos 16.

Material: Un cronómetro.

Espacio: Una pista donde estén señaladas las cuatro esquinas.

Descripción del juego:

Los jugadores/as se agrupan por parejas , a ser posible un chico y una chica , a fin de fomentar la coeducación. El juego consiste en salir corriendo por la pista cada pareja por separado de una en una y tomando el tiempo que realizan en esta carrera con un cronómetro, gana la pareja que realiza el recorrido previsto en el menor tiempo posible y sin cometer irregularidades.

Se llama carrera extravagante porque en cada esquina del recorrido, teniendo en cuenta que es un rectángulo la carrera se tiene que hacer de forma diferente d, de la siguiente forma:

1. Sale corriendo la primera pareja cogidos de la mano y sin soltarse.

2. Cuando llegan a la primera esquina siguen corriendo cogidos de la mano y a pata coja.

3. Al llegar a la siguiente esquina , corren cogidos de las manos pero de espaldas .

4. El último tramo se hace cogidos de la mano y en cuclillas.

Variantes: Se pueden hacer distintos recorridos y también cambiar algunas formas de correr.

Observaciones:

Hay que hacer incapié en que se intente fomentar la coeducación haciendo una discriminación positiva en el juego y formando parejas mixtas, asímismo desarrollamos la cooperación entre los jugadores/as.

A fichar

Tipo de juego: Habilidades y destrezas básicas: Lanzamiento y recepción. Cualidades físicas: Tiempo de reacción.

Edad recomendada: A partir de 8 años.

Objetivo: Desarrollar la competitividad.

Contenidos:
   Procedimentales: Ejecución de lanzamientos y recepciones.
   Actitudinales: Aceptar las normas y respetar a los compañeros.

Dificultad: Media.   **Intensidad:** Alta y Media.

Nº de jugadores: Tres equipos de 7 miembro.

Material: Balón de goma espuma y 8 conos.

Espacio: Polideportivo amplio.

Descripción del juego:

En un espacio con tres zonas delimitadas colocamos cada uno de los tres equipos. El juego consiste en que el grupo A y C deben tratar de golpear al mayor número posible de jugadores del equipo B (situado en la zona central) con el objetivo de ficharlos para su propio equipo. Ganará aquel equipo que consiga incrementar su número en mayor medida. Cuando un jugador de la zona central consigue atrapar la pelota, todos sus compañeros "fichados" por el equipo que ha lanzado la pelota vuelven a ser liberados y acuden a la zona central.

Variantes: Si conseguimos dar a un cono de la zona del equipo contrario (el A a los conos del C o viceversa) conseguimos liberar a un jugador B que volverá a su situación original.

Observaciones:

Juegos de desplazamiento

Relevos culiculi

Tipo de juego: Habilidades y destrezas básicas: Desplazamientos o saltos. Cualidades físicas: Velocidad.

Edad recomendada: A partir de 6 años.

Objetivo: Desarrollar la cooperación grupal.

Contenidos:
   Procedimentales: Ejecución de desplazamientos en parejas o grupos.
   Actitudinales: Valorar la importancia de la cooperación.

Dificultad: Media.   **Intensidad:** Media.

Nº de jugadores: 12 jugadores (o un número par) colocados en parejas en dos grupos.

Material: Una pelota de plástico y dos conos por grupo.

Espacio: Polideportivo

Descripción del juego:

En parejas nos colocamos la pelota a la altura del glúteo. Debemos efectuar la carrera de ida y vuelta para posteriormente pasar la pelota a los compañeros del grupo. No está permitido tocarla con la mano por lo que el grupo deberá ingeniárselas para efectuar el cambio sin tocar la misma.

Variantes: Podemos llevar la pelota en la cabeza, pecho, etc.

Observaciones:

Juegos de desplazamiento

Atrapa la cola del zorro

Tipo de juego: Habilidades perceptivas: Percepción espacial. Habilidades y destrezas básicas: Desplazamientos. Cualidades físicas: Tiempo de reacción, velocidad.

Edad recomendada: A partir de los 8 años.

Objetivo: Desarrollar la velocidad de reacción.

Contenidos:
   Procedimentales: Ejecución de desplazamientos.
   Actitudinales: Aceptación del robo del pañuelo.

Dificultad: Media.   **Intensidad:** Alta.   **Nº de jugadores:** Más de 10 jugadores.

Material: 10 Pañuelos largos.

Espacio: Polideportivo.

Descripción del juego:

Cada jugador tiene un pañuelo colocado en el glúteo, aunque debe poder quitárselo mediante un tirón. El juego consiste en conseguir atrapar el mayor número de pañuelos posibles sin que le sea atrapado el suyo propio.

Variantes: Juego de oposición: 1 x 1. Hay que quitar el pañuelo del adversario.

Colocar medio grupo con pañuelo y el otro medio sin pañuelo. Los jugadores sin pañuelo deben atrapar los pañuelos del resto y colocárselo como cola.

Observaciones:

Juegos de desplazamiento

La bandera

Tipo de juego: Habilidades perceptivas: Percepción espacial. Habilidades y destrezas básicas: Desplazamientos. Cualidades físicas: Tiempo de reacción, Velocidad.

Edad recomendada: A partir de 12 años.

Objetivo: Desarrollar la cooperación e introducción a los juegos predeportivos.

Contenidos:
   Conceptuales: Apoyo, desmarque, etc.
   Procedimentales: Ejecución de desplazamientos a gran velocidad.

Actitudinales:

Colaboración y respeto de las normas. Cooperación con el propio equipo.

Dificultad: Alta.   **Intensidad:** Alta.

Nº de jugadores: 14 o más jugadores.

Material: Dos conos con dos picas y un pañuelo en las mismas.

Espacio: Pista polideportiva.

Descripción del juego:

Dos equipos tratan de conseguir la bandera (pañuelo) del otro equipo al mismo tiempo que protegen la suya. Para ello, los jugadores del equipo deberán entrar al campo del equipo rival coger el pañuelo y llevarlo al campo, todo ello sin ser tocados. Esta acción supondrá un punto. En caso de un jugador invadir el campo contrario y ser tocado por un adversario deberá volver a su propio campo y así recuperar la vida. Está permitido pasarse la bandera.

Variantes: Alrededor de cada bandera podemos crear una zona neutral dentro de la cual no podrá entrar los jugadores defensores de la misma.

Juegos de desplazamiento

Manos unidas

Tipo de Juego: Habilidades y destrezas básicas: desplazamientos.

Edad recomendada: 6-8 años.

Objetivo: Desarrollar los desplazamientos como habilidad básica a través de juegos.

Contenidos:
  Conceptuales: Identificación de los tipos de desplazamientos.
  Procedimentales: Utilización de los desplazamientos en los juegos.
  Actitudinales: Conocimiento y respeto hacia sus limitaciones.

Dificultad: Alta.   **Intensidad:** Alta.   **Nº de jugadores:** Indefinido.

Material: Ninguno.

Espacio: Pista polideportiva o gimnasio.

Descripción del juego:

Juego de persecución en el que un alumno/a debe alcanzar al resto corriendo con las manos juntas y los dedos entrelazados. Los niños/as alcanzados continúan el juego pillando con las manos unidas. Gana el último alumno/a en ser atrapado.

Variantes: Delimitando el espacio de juego en función del número de alumnos/as.

Observaciones: Representación gráfica:

Juegos de desplazamiento

Estatuas

Tipo de Juego: Habilidades y destrezas básicas: desplazamientos.

Edad recomendada: 8-10 años.

Objetivo: Perfeccionar los desplazamientos como habilidad básica a través de los juegos.

Contenidos:
   Conceptuales: Identificación de los distintos tipos de desplazamientos.
   Procedimentales: Utilización de los distintos tipos de desplazamientos en los juegos.
   Actitudinales: Participación activa.

Dificultad: Media.   **Intensidad:** Media.   **Nº de jugadores:** Indefinido.

Material: Ninguno.

Espacio: Pista polideportiva o gimnasio.

Descripción del juego:

Juego de persecución en el que varios alumnos/as deben alcanzar al resto corriendo. El jugador/a atrapado se quedará inmóvil con las piernas abiertas hasta que otro compañero/a le salve pasando entre sus piernas.

Variantes: Modificamos el número de alumnos/as que se la quedan y el espacio de juego.

Observaciones: Representación gráfica:

Juegos de desplazamiento

La muralla

Tipo de Juego: Habilidades y destrezas básicas: desplazamientos.

Edad recomendada: 8-10 años.

Objetivo: Utilizar diferentes tipos de desplazamientos para solucionar problemas motores.

Contenidos:
   Conceptuales: Los tipos de desplazamientos en función del juego.
   Procedimentales: Utilización de los desplazamientos en los juegos.
   Actitudinales: Respeto a las reglas de los juegos y participación aceptando los diferentes niveles de destreza.

Dificultad: Alta.   **Intensidad:** Media.   **Nº de jugadores:** Indefinido.

Material: Ninguno.

Espacio: Pista polideportiva o gimnasio.

Descripción del juego:

Utilizando una de las líneas de la pista, los alumnos/as deberán cruzar de un lado para el otro a la señal del profesor/a evitando a un compañero/a colocado en la misma y de la que no podrá salir, sólo desplazarse lateralmente para atrapar al resto de jugadores. Los niños/as alcanzados se colocarán también en la línea y continuarán el juego intentando atrapar al resto. Ganará el último alumno/a en ser atrapado.

Variantes: Jugar con dos o incluso tres líneas paralelas, con lo que tendrán que superar varias "murallas" de niños/as. Los atrapados continúan en la línea que fueron alcanzados.

Observaciones: Representación gráfica:

Juegos de desplazamiento

Los eslabones de la cadena

Tipo de Juego: Habilidades y destrezas básicas: desplazamientos.

Edad recomendada: 10-12 años.

Objetivo: Perfeccionar los desplazamientos a través de juegos con el grupo.

Contenidos:
   Conceptuales: Los desplazamientos en los juegos de persecución.
   Procedimentales: Práctica de juegos de persecución que impliquen problemas motrices.
   Actitudinales: Aceptación y respeto de las limitaciones propias y de los demás.

Dificultad: Alta.   **Intensidad:** Alta.

Nº de jugadores: Indefinido.

Material: Ninguno.

Espacio: Pista polideportiva o gimnasio.

Descripción del juego:

Juego de persecución en el que dos alumnos/as deben tocar al resto dados de la mano. Conforme van siendo tocados se van formando nuevas parejas que también se la quedan. El último niño/a en ser alcanzado gana el juego.

Variantes:

Formando tríos en lugar de parejas.

Observaciones:

Representación gráfica:

Juegos de desplazamiento

Las Banderas

Tipo de juego:

Edad: A partir del 3er ciclo de Primaria.

Objetivo: Desarrollar el juego cooperativo. Dearrollar las habilidades básicas. Iniciaciar a los deportes de equipo.

Contenidos: Pase, desmarque, marcaje, fintas. Juego. Aceptación de reglas, respeto a los/as compañeros/as.

Dificultad: media.   **Intensidad:** Media.

Material: 4 balones.

Instalaciones: Pista polideportiva, gimnasio.

Nº de jugadores: 2 equipos.

Descripción del juego: En el campo de fútbol sala, se colocan 2 balones en cada portería. Cada equipo en su campo debe tratar de llegar al área contraria (que es casa) coger las pelotas y llevarlas a su campo, para ello deben driblar a los oponentes y no ser pillados, una vez que tienen las pelotas deben regresar sin ser pillados y ayudados por los/as compañeros/as mediante pase. Gana el equipo que consigue los otros balones y los suyos no sean robados.

Variantes: El pase solo puede ser hacia atrás.

Cambiar móvil.

Prohibir el pase.

Los/as pillados/as se colocan en una zona donde pueden ser rescatados por sus compañeros/as.

Observaciones: Es un juego que apasiona y puede incluirse en varias unidades didácticas.

Juegos de desplazamiento

Hasta donde llegamos juntos

Tipo de Juego: Habilidades y destrezas básicas: desplazamientos/saltos.

Edad recomendada: De 3 años en adelante, ya que se puede adaptar perfectamente.

Objetivo: Desarrollar direrentes habilidades motrices básicas al tiempo que se desarrollan actitudes de cooperación y valores sociales positivos.

Contenidos:

    Conceptuales: Comprender las direrencias ente andar, correr y saltar. Aprender la mecánica del salto. Conocer los desplazamientos laterales.

    Procedimentales: Practicar direrentes tipos de desplazamientos. Ejecutar varios movimientos consecutivamente. Encontrar la mejor manera de alcanzar el mejor resultado para mejorar la marca anterior.

    Actitudinales: Desarrollar valores sociales positivos: trabajando en grupo, solidaridad, amistad, compañerismo, ...

Dificultad: Alta, media o baja, en función de la edad de los niñós y niñas y de lo que les pidamos.

Intensidad: Lo mismo. **Nº de jugadores:** Grupos de 3, 4, 5 ó más personas.

Material: Ninguno, aunque para enriquecer la actividad se puede añadidr cualquier tipo de material como conos, cuerdas, balones, picas, etc.

Espacio: Se requiere un espacio de juego o trabajo amplio.

Descripción del juego:

Cada grupo de 3, 4, 5 niños y niñas debe intentar alcanzar la mayor distancia posible entre todos, pero cada uno o una sólo puede realizar tres pasos seguidos; las segunda persona comienzas su serie de tres movimientos donde terminó el primero, las siguiente donde terminó la anterior y así sucesivamente hasta alcanzar el punto final de todo el grupo. Se realiza la misma operación, pero variando la habilidad motriz:

- zancadas de carrera.
- Saltos con las dos piernas.
- Saltos con la misma pierna (izquierda y derecha).
- Saltos de una pierna a otra.
- Desplazamientos laterales.
- Desplazamientos laterales cruzando las piernas.
- Desplazándose hacia atrás.
- «Galopando» manteniendo una pierna fija delante y la otra detrás desplazándose hacia delante.
- Mezclando las habilidades anteriores; un ejemplo: un salto con dis piernas y un salto con una pierna

Variantes: Situar picas, conos, bancos suecos u tros obstáculos en el suelo para que tengas que pasar por encima de ellos mientras realiza la actividad. Los alumnos deben ir saltando a la cuerda a la vez que realizan la actividad.

Observaciones: Es importante que los grupos no comparen sus resultados, porque sino la actividad se vuelve competitiva y pierde mucha de sus esencia e intención.

Aunque no suele suceder, es muy importante controlar para que nadie eche la culpa a nadie por alcanzar distancias cortas; muy al contario, es necesario que nosotros y los compañeros valoren el esfuerzo máximo que realizan todas las personas del grupo, fomentando de esta manera valores positivos de solidaridad y compañerismo.

Juegos de fuerza

Fútbol cuadropedía

Tipo de juego: Habilidades y destrezas básicas: Cuadrupedias. Cualidades físicas: Fuerza/Resistencia.

Edad recomendada: A partir de 8 años.

Objetivo: Desarrollar la fuerza resistencia del tren superior e inferior.

Contenidos:
   Conceptuales: Pase, desmarque, espacio libre, apoyo, marcaje.
   Procedimentales: Ejecución de lanzamientos, recepciones, conducciones del balón en cuadrupedia.
   Actitudinales: Colaboración, respeto del arbitraje, aceptación de los roles.

Dificultad: Media.   **Intensidad:** Alta.

Nº de jugadores: Dos equipos de 7 jugadores.

Material: Una pelota de goma espuma y dos porterías de mini hockey.

Espacio: Pista polideportiva de 20 x 40.

Descripción del juego: Dos equipos tratan de enviar la pelota a la portería contraria con el objetivo de introducirla y conseguir un gol. Para ello podrán efectuar desplazamientos, conducciones, pases, etc. con cualquier parte del cuerpo pero siempre deberán estar en cuadrupedia. En cada portería habrá un área de 2 m. dentro de la cual tan solo podrá estar un jugador defensor. No hay portero.

Variantes:

Reducir las dimensiones del terreno de juego. Con ello favorecemos la mayor participación en el juego.

Colocación de bancos suecos en las bandas, pudiendo ser utilizadas como paredes.

Observaciones:

Juegos de fuerza

Chak-ka-yer (Tailandia)

Tipo de Juego: Cualidades físicas: fuerza.
Nombre del juego: Chak-ka-yer (Tailandia).
Edad recomendada: A partir de los 10 años.
Objetivos: Mejorar la fuerza.
Contenidos:

Conceptuales: Conocimiento de la forma de juego en otras culturas.

Procedimentales: Control del equilibrio.

Actitudinales: Respeto a las normas del juego. Cooperación con los compañeros. Valoración de las manifestaciones culturales jugadas de otros pueblos.

Dificultad: Media. **Intensidad:** Media. **Nº de jugadores:** De ocho en adelante.
Material: Ninguno.
Espacio: Cualquiera libre de obstáculos.
Descripción del juego:

Los jugadores se dividen en dos equipos que se colocan a uno y otro lado de una línea trazada en el suelo. Unos son los buenos espíritus y otros los malos espíritus. Unos y otros estiran sus brazos tratando de agarrar a alguien del otro equipo para pasarle a su campo. Los buenos espíritus pueden formar una cadena, unos tras otros, o ayudarse; los malos espíritus no son capaces de cooperar y sólo pueden tratar de atraer a un buen espíritu hasta su campo de forma individual. Los jugadores que pasan al otro campo ayudan a sus nuevos compañeros. El juego finaliza cuando todos los jugadores forman parte del mismo grupo.

Variantes: Agarrarse de una forma determinada previamente: con las dos manos, por los antebrazos...

Observaciones: Conviene que, antes de comenzar a jugar, los participantes se quiten los relojes y anillos. También hay que insistir en que durante el juego no se tire de las camisetas, sino de los brazos de los jugadores, ya que las mangas de aquellas podrían romperse. Este es un interesante juego, donde los que ganan o pierden son los buenos o malos espíritus, pero no los jugadores que pueden pasar, a lo largo del juego, por ambos papeles y que siempre terminan en el papel ganador.

Este juego fue recopilado en la escuela de un poblado Padang, al norte de Tailandia el 22 de agosto de 1997.

Juegos de fuerza

La escolta de la dama

Tipo de Juego: Perceptivo motrices.

Edad recomendada: 9 - 10 años.

Objetivo: Potenciar los juegos en grupo sin discriminación de sexo, raza...

Contenidos: Deshinibición. Fuerza.

Dificultad: Media.   **Intensidad:** Alta.   **Nº de jugadores:** Grupos de 8.

Material: Ninguno.

Espacio: Reducido.

Descripción del juego: La dama es un alumno que se coloca sentada dentro de un círculo formado por la escolta y no se puede mover.

Un alumno ladrón trata de tocar a la dama desde el exterior del círculo formado por la escolta (puede empujar).

La escolta trata por todos los medios de impedirlo cerrándose.

Cuando lo consiga otros alumnos ocupan el lugar de dama y ladrón.

Juegos de fuerza

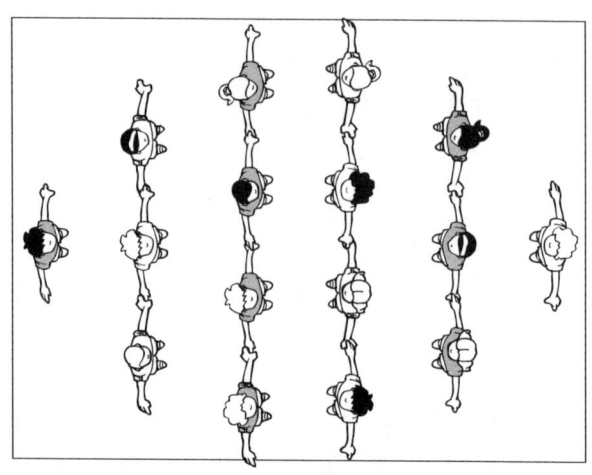

Futbolín

Tipo de Juego: Cualidades físicas.

Edad recomendada: A partir de 10 años.

Objetivo: :Trabajar la fuerza de manera lúdica. Desarrollar y potenciar el juego en equipo.

Contenidos: Fuerza. Desplazamientos. Coordinación dinámica general.

Dificultad: Alta - media - baja. **Intensidad:** Alta - media - baja.

Nº de jugadores: 8 por equipo.

Material: Pelota de fútbol.

Espacio: Campo de balonmano.

Descripción del juego:

Se construye un campo de fútbol y dos equipo de 11 jugadores. Cada equipo elabora filas con jugadores cogidos por las manos. En la portería se colocará un jugador, en la delantera tres y en el medio cuatro.

Se colocarán en la misma disposición que un futbolín. Solo se pueden desplazar las filas a la derecha o a la izquierda pero no hacia delante o atrás. Para golpear la pelota hay que estar unida de la mano.

Observaciones:

Es mejor jugar en un espacio cerrado. Solo se pueden desplazar las filas a la derecha o a la izquierda pero no hacia delante o atrás. Para golpear la pelota hay que estar unida de la mano.

Juegos de fuerza

El encuentro

Tipo de Juego: Cualidades físicas: fuerza.

Edad recomendada: A partir de 9 años.

Objetivo: Desarrollar la fuerza. Fomentar la cohesión de grupo. Trabajar los desplazamientos.

Contenidos: Trabajo de fuerza. Desplazamientos.

Dificultad: Media. **Intensidad:** Alta. **Nº de jugadores:** Grupo clase.

Material: Tiza o similar para dibujar cuadrados y petos de colores.

Espacio: Campo de baloncesto o gimnasio.

Descripción del juego:

El terreno de juego estará dividido en cuadrados y los jugadores estarán divididos en dos grupos. Estos estarán dispersos por el espacio y a la señal del profesor, cada grupo deberá correr a situarse en su cuadrado o (aro).

El objetivo del juego es alcanzar el cuadrado propio intentando llevarse cogidos a los componentes del otro grupo para evitar que consigan su propósito, es decir llegar a su cuadrado.

Variantes:

Llevar un balón por medio de pases al cuadro correspondiente.

Cambiar los cuadrados por aros.

Unos defienden y otros intentan meterse en el aro

Observaciones: Se podrá agarrar de cualquier sitio a l contrincante pero solo a la consigna del profesor. Fomentar la búsqueda de estrategias.

Juegos de fuerza

El gusano escurridizo

Tipo de Juego: Habilidades perceptivas y expresión corporal, cualidades físicas.

Edad recomendada: A partir de 12 años.

Objetivos: Profundizar en la conducta social de los alumnos, y mejora de su conocimiento del esquema corporal y lateralidad, así como de su ritmo y percepción temporal-espacial. Desarrollar las cualidades físicas de velocidad y fuerza.

Contenidos: Mejora de la conducta social de los alumnos, y de su conocimiento del esquema corporal y lateralidad, así como de su ritmo y percepción temporal-espacial. Desarrollo de las cualidades físicas de velocidad y fuerza.

Dificultad: Media. **Intensidad:** Alta. **Nº de jugadores:** De 20 a 30.

Material: Ninguno.

Espacio: Pista de baloncesto o similar.

Descripción del juego:

Por parejas. "El vigilante" de pie con piernas abiertas. "El gusano" acostado en decubito prono en la misma dirección con los brazos flexionados detrás de la línea de salida a la altura del pecho. El gusano deberá intentar erguirse sobre sus cuatro apoyos (manos y pies) y alcanzar en esta posición la línea de llegada. El vigilante se lo impedirá colocándole el pecho contra el suelo.

Variantes: El gusano pasa a ser saltamontes y se desplaza a saltos.

El vigilante debe "placarlo" con el pecho.

Observaciones: El vigilante deberá partir siempre se posición erguida. se contabilizarán los intentos que necesite el gusano para cubir la distancia.

Juegos de fuerza

Quién llega gana

Tipo de juego: Cualidades físicas: Fuerza.

Edad recomendada: A partir de 6/8 años.

Objetivo: Desarrollar la fuerza y la superación.

Contenidos:
  Procedimentales: Ejecución de arrastres, tracciones…
  Actitudinales: Respeto de las normas del juego.

Dificultad: Alta. **Intensidad:** Alta. **Nº de jugadores:** 4 jugadores.

Material: Sin material.

Espacio: Polideportivo.

Descripción del juego:

Los 4 jugadores permanecen cogidos de las manos. Hay que estirar del resto del grupo para así conseguir llegar a la marca. Quien llega y pisa la misma sumará un punto.

Variantes:

Juego 1 x 1. Quien arrastra a la pareja a la zona delimitada gana.

Juego 1 x 1. De espaldas, quien consiga empujar y llevar al adversario a la zona determinada será el ganador.

Juegos de fuerza

Los transportistas

Tipo de juego: Cualidades físicas básicas: Fuerza.

Edad recomendada: De 8 a 12 años.

Objetivo: Desarrollar la fuerza por medio de juegos cooperativos y trabajo en equipo.

Contenidos:

Conceptuales: Conocimiento e identificación de juegos en los que se practique y desarrolle la fuerza. Conocimiento de las normas.

Procedimentales: Practicar juegos en los que se desarrolle la fuerza por medio del trabajo en equipo.

Actitudinales: Aceptación de la realidad corporal, cooperando en los juegos según las posibilidades y limitaciones propias y de los demás.

Dificultad: Media.   **Intensidad**: Media- alta.   **Nº de jugadores**: En grupos de 4.

Material: Ninguno.

Espacio: Ancho de la pista ya sea cubierta o al aire libre.

Descripción del juego:

Distribuidos toda la clase en grupos de 4, entre ellos de asignan un número del 1 al 4. El maestro dirá un número y éste deberá ser transportado desde un lado de la pista hasta el otro recorriendo el ancho de la misma.

La forma de coger al transportado más cómoda es; 2 compañeros se cruzan los brazos para que se siente el número dicho por el maestro, el otro integrante del grupo coge al compañero mencionado por la espalda para que no caiga hacia atrás.

Variantes: Grupos de 3, 5 ó 6.

Observaciones: El que coge al compañero por la espalda, que no lo suelte antes de llegar o antes que sus propios compañeros.

El maestro debe ayudar en aquellos grupos en los que haya algún alumno de mayor peso.

Equilibrar los grupos para que no haya en un mismo grupo alumnos/as voluminosos/as con otros de menor tamaño y fuerza.

Juegos de fuerza

La fortaleza

Tipo de Juego: Fuerza.

Edad recomendada: 12-14 años.

Objetivo: Realizar actividades dirigidas al desarrollo de las capacidades físicas.

Contenidos:
    Conceptuales: Concepto distintos tipos de fueza.
    Procedimentales: Aplicación de juegos de fuerza.
    Actitudinales: Respeto a las normas.

Dificultad: Baja.   **Intensidad:** Media-alta.   **Nº de jugadores:** Dos grupos.

Material: Ninguno.

Espacio: Pista polideportiva o gimnasio.

Descripción del juego:

Se divide la clase en dos grupos, se limita un circulo pintado en el terreno, un equipo se situará dentro y otro fuera. Los que están dentro tienen que intentar mediante agarre introducir a los compañeros/as dentro del circulo y viceversa.

Variantes:

Observaciones: Representación gráfica:

Juegos de fuerza

El unisalto

Tipo de Juego: Fuerza.

Edad recomendada: 12-14 años.

Objetivo: Conocer y desarrollar de las capacidades físicas básicas.

Contenidos:
  Conceptuales: Los tipos de movimientos de cada uno y las posibilidades del grupo.
  Procedimentales: Realizar actividades de acondicionamiento físico básico, para la activación de los diferentes sistemas orgnánicos.
  Actitudinales: Fomentar el trabajo en grupo.

Dificultad: Media.   **Intensidad:** Media.

Nº de jugadores: Por grupos.

Material: Cuerdas.

Espacio: Pista polideportiva o Gimnasio.

Descripción del juego:

Por grupos han de saltar a la comba todos a la vez sin tocar la cuerda, gana el grupo que en un tiempo predeterminado realice un mayor número de saltos correctamente.

Variantes:

Observaciones:

Juegos de fuerza

El pulso de la oruga

Tipo de Juego: Fuerza.

Edad recomendada: 12-14 años.

Objetivo: Desarrollar la fuerza a la vez que creamos un ambiente agradable, divertido y competitivo.

Contenidos:
    Conceptuales: Conocer las posibilidades de movimiento de cada uno.
    Procedimentales: Mejorar el nivel de fuerza a través de diferentes juegos.
    Actitudinales: Aceptar las normas básicas necesarias para el desarrollo de las actividades programadas.

Dificultad: Baja.   **Intensidad:** Media-alta.   **Nº de jugadores:** Parejas.

Material: Ninguno.

Espacio: Pista polideportiva o gimnasio.

Descripción del juego: Por parejas, tumbados boca-abajo realizan una pequeña competición de pulso.

Variantes: Se hacen pequeñas competiciones entre toda la clase.

Observaciones: Representación gráfica.

Juegos de fuerza

Sogatira humana

Tipo de Juego: Fuerza.

Edad recomendada: 12-14 años.

Objetivo: Fomentar el trabajo en grupo y desarrollar la fuerza a la vez que creamos un ambiente agradable, divertido y competitivo.

Contenidos:
    Conceptuales: Conocer las posibilidades que nos ofrece el trabajo en grupo.
    Procedimentales: Desarrollar la fuerza a través del trabajo en grupo.
    Actitudinales: Fomentar el trabajo en grupo.

Dificultad: Baja.   **Intensidad:** Media-alta.   **Nº de jugadores:** Grupos.

Material: Ninguno.

Espacio: Pista polideportiva o gimnasio.

Descripción del juego:

Dividimos la clase en dos grandes grupos agarrados de la cintura y formando dos hileras enfrentadas. Realizamos la misma acción que la sogatira tradicional pero con la variante de que los primeros de cada hilera están sujetos de las manos y enfrentados.

Variantes:

Observaciones:

Juegos de fuerza

El paso

Tipo de Juego: Fuerza.

Edad recomendada: 14-16 años.

Objetivo: Seguir las normas básicas de seguridad en la práctica del ejercicio físico.

Contenidos:
    Conceptuales: Conocer la fuerza como capacidad física básica.
    Procedimentales: Desarrollar el trabajo en grupo como elemento para conseguir objetivos.
    Actitudinales: Conseguir un logro común compenetrándose con la fuerza de otros compañeros/as.

Dificultad: Baja.   **Intensidad:** Media.   **Nº de jugadores:** Grupos.

Material: Colchoneta grande.

Espacio: Pista polideportiva o gimnasio.

Descripción del juego:

Por grupos de unos 6-8 alumnos/as con una colchoneta grande. Un miembro del grupo se tumba en la colchoneta y los demás deberán transportarlo en peso por un circuito predeterminado. Una vez que se ha llegado a lugar se van intercambiando los papeles.

Variantes:

Observaciones:

Juegos de fuerza

Lucha de carretillas

Tipo de Juego: Fuerza.

Edad recomendada: 14-16 años.

Objetivo: Desarrollar la fuerza a la vez que toman conciencia de visión correcta de la competición.

Contenidos:
   Conceptuales: Conocer las ventajas del trabajo en parejas para el desarrollo de la fuerza.
   Procedimentales: Desarrollar la fuerza a través de ejercicios competitivos.
   Actitudinales: Potenciar el respeto a los compañeros/as y a la normas.

Dificultad: Baja.   **Intensidad:** Alta.   **Nº de jugadores:** Parejas.

Material: Colchonetas.

Espacio: Pista polideportiva o gimnasio.

Descripción del juego:

Colocamos una serie de colchonetas en el terreno. Por parejas y haciendo la carretilla han de intentar hacer caer al compañero/a y evitar ser derribado.

Variantes:

Observaciones: Representación gráfica:

Juegos de velocidad de reacción

El ratón y el gato

Tipo de juego: Cualidades físicas básicas (velocidad de reacción).

Edad recomendada: De 10 a 12 años.

Objetivo: Mejorar la rapidez y ejecución motriz ante un estímulo.

Contenidos:

    Conceptuales: Las cualidades físicas: velocidad.

    Procedimentales: Adaptar el desplazamiento al de otros compañeros, resolviendo los problemas propios del juego. Elaborar estrategias de juego y adoptar la más apropiada a la circunstancia. Trabajar la mejora del tiempo de reacción.

    Actitudinales: Valorar el esfuerzo realizado como forma de autoestima personal.

Dificultad: Media.   **Nº de Jugadores:** 12-14 jugadores.

Material: Ninguno.

Espacio: Superficie plana.

Descripción del juego: El juego comienza con los jugadores colocados en círculo por parejas, uno detrás de otro, y sueltos. El jugador que hace de ratón dentro del círculo y el que hace de gato fuera. Continua cuando el gato persigue al ratón por el círculo para pillarlo. El ratón para salvarse puede tocar a uno de los compañeros-as del círculo que a su vez toca al de delante, convirtiéndose este último en ratón. El jugador salvado, que hacia de ratón, ocupa el lugar del compañero que ha tocado. Acaba, en el momento que el gato pilla al ratón y el juego vuelve a empezar.

Reglas:

  El ratón no puede irse lejos del círculo.

  El ratón tiene que tocar al jugador que da la espalda.

Variantes: Si el ratón para salvarse toca a un compañero y éste al de delante, este último se convertirá en gato y el que hasta ese momento era gato pasará a ser ratón.

Observaciones: Juego muy dinámico e intenso.

Juegos de velocidad de reacción

Guerra de panderos

Tipo de juego: Cualidades físicas básicas (velocidad de reacción).

Edad recomendada: De 8 a 10 años.

Objetivo: Mejorar la ejecución y el tiempo de reacción.

Contenidos:

    Conceptuales: La función de ajuste corporal.

    Procedimentales: Adaptar su movimiento o desplazamiento al del compañero (duración, velocidad y dirección variables). Variar la intensidad y frecuencia del movimiento en función del compañero.

    Actitudinales: Aceptar el reto que supone oponerse a otros en situaciones de juego sin que ello derive en actitudes de rivalidad y menosprecio.

Dificultad: Baja.   **Intensidad:** Media.   **Nº de Jugadores:** Por parejas.

Material: Ninguno.

Espacio: Superficie plana.

Descripción del juego:

El juego comienza con los jugadores colocados por parejas, uno enfrente de otro y cogidos de una mano. Continua cuando cada jugador intenta tocar, con la mano que queda libre, el "pandero" del compañero-a y a la vez evitar que le toquen el suyo. Acaba, en el momento que un jugador de la pareja ha llegado al número de veces previamente determinado.

Reglas: No está permitido soltarse de la mano.

Variantes: Con las manos libres, pudiendo tocar con ambas manos. Por tiempo: durante un tiempo determinado hay que dar el mayor número de toques posibles.

Observaciones: Juego muy divertido.

Bombilla

Tipo de Juego: Habilidades y destrezas básicas. Desplazamientos.

Edad recomendada: 8 -12 años.

Objetivo: Desarrollar y ampliar el vocabulario básico.

Contenidos:

    Conceptuales: Estudio de técnicas de desplazamiento en carrera. Desarrollo de la velocidad. El diccionario.

    Procedimentales: Construcción de un diccionario a partir de palabras empleadas en el juego. Estudio de distintas estrategias de desplazamiento y evasión.

    Actitudinales: Valoración del esfuerzo realizado como forma de autoestima personal.

Dificultad: Baja.   **Intensidad:** Media.   **Nº de jugadores:** Los que se quiera.

Material: Sin material.

Espacio: Reducido.

Descripción del juego:

En este juego un jugador se la queda. El resto de jugadores se sitúan en línea recta uno al lado del otro. El que se la queda dice palabras que empiecen por "bon" hasta que en un momento determinado dice "bombilla" que es el momento en el que el resto de jugadores puede salir corriendo hasta llegar a una marca en la que se salvarán. Si lograse atrapar a algún jugador antes de llegar a la marca, se la quedarán los dos y el juego comenzará de nuevo. Todos los jugadores deberán estar pisando con un pie la línea de salida.

Variantes: El que sea capturado no se incorpora a la persecución sino que se suma una "bombilla". A las de 3, queda eliminado.

Observaciones: A medida que se va atrapando a un mayor número de jugadores, ir reduciendo el espacio de juego.

Juegos de velocidad de reacción

Mata (Portugal)

Tipo de Juego: Habilidades y destrezas básicas: lanzamientos, desplazamientos. Cualidades físicas: tiempo de reacción.

Edad recomendada: A partir de los 8 años.

Objetivo: Disminuir el tiempo de reacción. Mejorar la precisión en los lanzamientos.

Contenidos:

Conceptuales: Conocimiento de la forma de juego en otras culturas. Conocimiento de los nombres de los compañeros.

Procedimentales: Velocidad de reacción. Lanzamientos sobre blanco fijo.

Actitudinales: Respeto a las normas del juego. Valoración de las manifestaciones culturales jugadas en otros pueblos. Superación de las pequeñas frustraciones derivadas de circunstancias del juego.

Dificultad: Baja.   **Intensidad:** Media.

Nº de jugadores: Un máximo de 6 por grupo.

Material: Una pelota.

Espacio: Cualquiera libre de obstáculos.

Descripción del juego:

Los jugadores se disponen en círculo y se pasan la pelota a la vez que van contando: 1, 2, 3..., hasta 5. La quinta persona que recibe la pelota trata de dar con ella a cualquiera de los otros que aprovecharán para escapar el intervalo desde que el 4º jugador suelta la pelota hasta que el 5º la recibe. Si la pelota lanzada impacta en alguien, ese jugador se elimina; en caso contrario, lo hace el que lanzó. El objetivo del juego es quedar el último.

Variantes: Variar la forma en que la pelota debe ser lanzada.

Observaciones: Este juego fue recogido en Santarém (Portugal) el 29 de septiembre de 2000.

Juegos de velocidad de reacción

A cruzar el río

Tipo de juego: Cualidades físicas: Tiempo de reacción, velocidad.

Edad recomendada: A partir de 6 años.

Objetivo: Desarrollar la velocidad de reacción.

Contenidos:
   Procedimentales: Ejecución de desplazamientos.
   Actitudinales: Respeto a las normas, autosuperación.

Dificultad: Baja.   **Intensidad:** Media. Para el jugador que está en el centro alta.

Nº de jugadores: A partir de 8 jugadores.

Material: Tiza o conos para delimitar espacios.

Espacio: Polideportivo.

Descripción del juego: Un jugador se coloca en la zona central de la que no puede salir. El resto de jugadores trataran de cruzar esta zona sin ser pillados. Cuando un jugador es atrapado pasará a colaborar con el jugador situado en la zona central.

Variantes: Los jugadores han de pasar cuando el jugador de la zona central haga la señal correspondiente.

Los jugadores de la zona central se cogerán de las manos

Todos los jugadores colocados en parejas cogidos de las manos.

Observaciones:

Juegos de velocidad de reacción

Busca grupo

Tipo de juego: Cualidades físicas: tiempo de reacción, velocidad.

Edad recomendada: A partir de 6 años.

Objetivo: Desarrollar la velocidad de reacción y la cooperación.

Contenidos:
   Conceptuales: Operaciones matemáticas básicas (suma, resta, multiplicación…)
   Procedimentales: Ejecución de desplazamientos.
   Actitudinales: Respeto de las normas y participación.

Dificultad: Media.   **Intensidad:** Media.

Nº de jugadores: A partir de 12 jugadores.

Material: Sin material.

Espacio: polideportivo.

Descripción del juego:

Los participantes están desplazándose por el espacio. El profesor dirá un número, momento en el cual todos deberán agruparse atendiendo al número de integrantes dicho por el profesor. Después efectuarán el desplazamiento todos juntos hasta que el profesor dirá otro número u operación matemático. En dicho momento habrá que cambiar de grupo y formar uno nuevo. Por ejemplo, en tríos; por 2 = grupo de 6; menos 3…

Variantes: Nombrar números y figuras geométricas.

Juegos de velocidad de reacción

Busco pareja

Tipo de juego: Cualidades físicas: Tiempo de reacción o velocidad.

Edad recomendada: A partir de los 8 años.

Objetivo: Desarrollar la velocidad de reacción.

Contenidos:
   Procedimentales: Ejecución de desplazamientos.

Dificultad: Media.   **Intensidad:** Alta.

Nº de jugadores: A partir de 10 jugadores.

Material: Sin material.

Espacio: Polideportivo amplio.

Descripción del juego:

Todos colocados en parejas cogidos de la mano excepto un perseguidor y el perseguido. El perseguido para liberarse se colocará cogiendo de la mano a una pareja. El del extremo opuesto de dicha pareja pasará a ser el perseguido.

Juegos de resistencia

Carrera de cuádrigas

Tipo de Juego: Resistencia.

Edad recomendada: 12-14 años.

Objetivo: Ser capaz de poder resistir la fatiga que aparece durante un esfuerzo deportivo.

Contenidos:
   Conceptuales: Conocer la importancia de la resistencia en la mejora de la condición física.
   Procedimentales: Trabajar la resistencia a través de formas jugadas.
   Actitudinales: Desarrollar el trabajo en grupo.

Dificultad: Baja.   **Intensidad:** Alta.   **Nº de jugadores:** Grupos.

Material: Cuerdas.

Espacio: Pista polideportiva.

Descripción del juego:

Formamos grupos de 5 alumnos/as. Cuatro hacen de "caballos" y uno de "jinete" el cual sujeta al resto con una cuerda alrededor de sus cinturas. Se trata de realizar un pequeño circuito preestablecido. Todos han de pasar por ambos puestos.

Variantes:

Observaciones:

Juegos de resistencia

La serpiente corredora

Tipo de Juego: Resistencia.

Edad recomendada: 14-16 años.

Objetivo: Trabajar la resistencia a través del método continuo.

Contenidos:
  Conceptuales: Conocer el método continuo para el trabajo de la resistencia.
  Procedimentales: Desarrollar la resistencia en grupo.
  Actitudinales: Reconocer el efecto positivo que la práctica responsable del ejercicio físico produce en el organismo.

Dificultad: Media.   **Intensidad:** Media.   **Nº de jugadores:** Individual.

Material: Ninguno.

Espacio: Pista polideportiva.

Descripción del juego:

El grupo en hilera corren de forma continua al mismo ritmo y manteniendo la formación. Conforme se va corriendo se van realizando distintos ejercicios: zig-zag, carrera lateral, espaldas, el último pasa al primero, el primero al último, a la señal salto, etc.

Variantes:

Observaciones:

Juegos de velocidad

Línea de atacantes

La bandera

Tipo de Juego: Cualidades físicas.

Edad recomendada: 11 - 12 años.

Objetivo: Manejar adecuadamente los mecanismos de percepción, decisión y ejecución. Mejorar algunas habilidades básicas.

Contenidos: Velocidad de reacción. Carrera.

Dificultad: Media.   **Intensidad:** Media.

Nº de jugadores: Toda la clase en 2 equipos.

Material: Una bandera y un cono.

Espacio: Campo de baloncesto.

Descripción del juego:

Dividida la clase en dos equipos unos defienden la bandera y otros tratan de cogerla y llevarla a su campo.

A una señal del profesor salen los atacantes y tratan de acercarse a coger la bandera.

Los defensores si salen de su línea no pueden volver a menos que cojan a un atacante antes de que llegue a su línea (se pueden coger varios) y quedan eliminados. Así mismo los atacantes cogidos quedarán eliminados. Se gana el juego cundo no quedan atacantes o defensores o cuando se coge la bandera y se lleva a la línea sin ser cogido.

Si los defensores cogen al atacante con la bandera también habrán ganado el juego.

La bandera no puede ser pasada de un atacante a otro.

En partida siguiente se invierten los papeles.

Variantes: Que los atacantes puedan entrar en la línea de defensa sin ser cogidos en cuyo caso y mientras estén dentro no podrán ser cogidos.

Observaciones: El profesor deberá vigilar la línea de defensa para que no sea sobrepasada por ningún defensor y que este vuelva.

También cundo los atacantes cojan la bandera no debe haber otro atacante que bloquee el paso de los defensores al atacante que lleve la bandera.

Juegos de velocidad

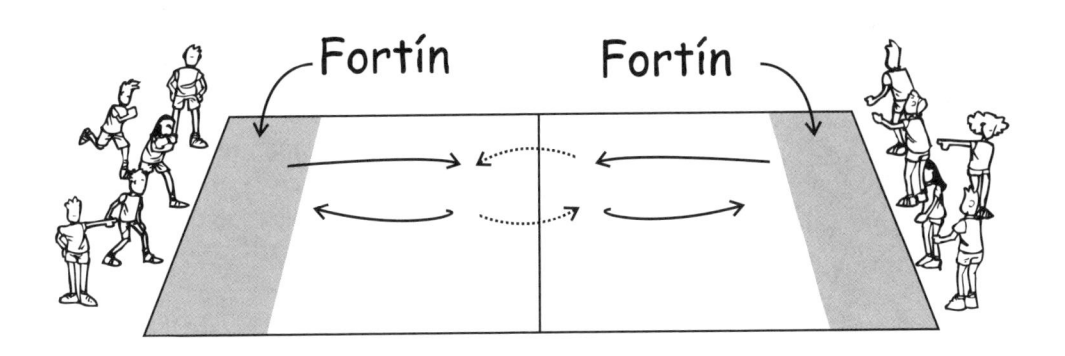

Fortín Fortín

Griegos y romanos

Tipo de Juego: Habilidades básicas.

Edad recomendada: 10 - 11 años.

Objetivo: Dominar el cuerpo y los recursos propios a la hora de resolver problemas motores y mejorar las habilidades básicas.

Contenidos:
Desplazamientos.
Velocidad de reacción.

Dificultad: Media.   **Intensidad:** Alta.

Nº de jugadores: Toda la clase en dos equipos.

Material: Petos rojos y azules.

Espacio: Campo de baloncesto o balonmano.

Descripción del juego:

Cada equipo está en su fortín. A la señal del profesor los dos equipos salen y pueden llegar hasta el centro. Cuando el profesor grita "griegos" los griegos encorren a los romanos y tratan de cogerlos antes de que lleguen a su fortín. Si gritan "romanos" se realizará al revés. Se cuentan todos los individuos capturados y por cada uno se cuenta un punto. Ganará que llegue antes a 100 o a los puntos que se estipulen.

Variantes: Los dos equipos se desplazaran con los pies juntos.

Los dos equipos irán en parejas de la mano.

Poner en la mitad de cada uno de los campos pequeños bloques de espuma y que los tengan que sortear o saltar.

Observaciones:

Con dos alumnos que ni hagan clase (enfermos) ponerlos en dos fondos o fortines a controlar.

Vigilar los que son cogidos antes y depures de las líneas.

Juegos de velocidad

Las fuerzas

Tipo de Juego: Cualidades físicas, Velocidad de reacción, Velocidad, Fuerza, Resistencia

Edad recomendada: Tercer ciclo de primaria.

Objetivo: Desarrollar las cualidades físicas de velocidad fuerza y resistencia.

Contenidos:
Conceptuales: El sistema cardiovascular, la resistencia aeróbica.
Procedimentales: Realizar ejercicios de adquisición de estrategias dependiendo de las características del opositor.
Actitudinales: Participar activamente respetando las posibilidades de los demás. Respetar que todos somos diferentes y tenemos diferentes posibilidades.

Dificultad: Media. **Intensidad:** Media.

Nº de jugadores: Tantos como alumnos hayan, se dividen en dos equipos. Cada equipo se forma de dos grupos uno masculino y otro femenino para evitar desequilibrios en cuanto a la fuerza.

Material: Un balón, si puede ser duro para apretarlo sin que se deforme.

Espacio: Pista o gimnasio, o un espacio con una superficie que no provoque erosiones. El campo debe ser dividido en dos partes iguales con una línea central para colocar el balón de saque, y dos líneas de fondo donde se colocan los equipos y se marcan los puntos al cruzar la línea.

Descripción del juego:

Los dos equipos se enumeran, tiene que haber el mismo nº de jugadores en uno y en otro, si hay desigualdad, algún componente de ese equipo se numera dos veces hasta que se igualen los jugadores. El profesor va nombrando números y salen dos jugadores y uno por equipo a coger el balón, aquí es donde entra en juego la estrategia de cada jugador; si uno es muy rápido debe utilizar la velocidad para llevarse el balón y evitar el contacto con el otro jugador si es mas fuerte.

Cuando el jugador menos rápido y mas fuerte llega tarde, pero agarra al jugador que huye, puede utilizar la técnica de coger al oponente (siempre de la cintura, evitar tirones de ropa) y llevarlo en peso a el y al balón, o arrastrarlo hasta su línea para contabilizar un punto, no se contabiliza hasta que el balón la atraviesa. Hay una contra táctica que consiste en soltar el balón el jugador mas rápido (menos fuerte) para que tengan que volver a soltarse y utilizar la velocidad.

*Nunca se cuenta como punto el lanzar el balón a su campo, siempre debe de atravesarlo de las manos de un jugador bien intencionadamente o bien forzado por la fortaleza de otro que atraviesa la línea con el jugador y el balón as mismo tiempo.

Variantes: Dos balones y doble numero de jugadores

Observaciones: El juego una vez conocido, les encanta a los niños del 3º ciclo de primaria, hay que hablarles antes de empezar, de que cada uno de los jugadores debe emplear sus cualidades físicas.

Juegos de velocidad

Relevo con pañuelo

Tipo de Juego: Desplazamiento.

Edad recomendada: Desde 3 años hasta 12.

Objetivos:
- Desarrollar la velocidad.
- Mejorar la cooperación del grupo.

Contenidos:

Conceptuales: Conocer la dinámica del juego. Desarrollar la atención.

Procedimentales: Desarrollar los cambios de ritmo y de dirección en los desplazamientos. Cooperar con los compañeros/as como estrategia para conseguir un fin común.

Actitudinales: Participar activamente, aceptando las propias posibilidades y también las limitaciones.

Dificultad Media.   **Intensidad:** Alta.

Nº de jugadores Entre 10 y 12.

Material: 2 sillas y 2 pañuelos.

Espacio: Amplio.

Descripción del juego:

Se disponen 2 o 3 equipos en fila. Se pone una silla enfrente de cada equipo a unos 15 o 20 metros de distancia aproximadamente. Cada equipo tiene un pañuelo que sirve de "testigo" para pasárselo de uno a otro.

A una señal dada, empiezan a correr los números uno de cada equipo hacia su silla que tiene enfrente, al llegar a ella le dan una vuelta completa y vuelven corriendo a dar el pañuelo al segundo compañero/a y así sucesivamente, gana el primer equipo en llegar a la meta.

Observaciones: Los valores más destacados en este juego los podemos resumir en los siguientes. Valorar la importancia del trabajo en grupo para conseguir un fin. Cooperación adecuada entre los miembros del equipo. Anteponer el placer de jugar al de ganar. Desarrolla el esfuerzo común. Aceptación de las posibilidades de los demás.

Juegos de velocidad

Relevos de chaqueta

Tipo de juego: Cualidades físicas: Velocidad.

Edad recomendada: A partir de 6 años.

Objetivo: Desarrollar las habilidades motriz de la carrera así como la lateralidad y esquema corporal.

Contenidos:
   Procedimentales: Ejecución de juegos de relevos.
   Actitudinales: Respeto a las reglas y participación grupal.

Dificultad: Media.   **Intensidad:** Media.

Nº de jugadores: 16. Dos equipos de 8 jugadores.

Material: Una chaqueta. Preferiblemente de manga larga y de gran consistencia.

Espacio: Polideportivo de 20 x 20 m.

Descripción del juego:

Formamos dos equipos de los cuales surgirán 4 grupos que se distribuirán en dos filas. El juego consiste en efectuar relevos con los compañeros del equipo que están colocados en el otro grupo. Para ello el jugador irá corriendo con la chaqueta colocada. Al llegar a la zona del otro grupo de su equipo se quitará la misma y se la cederá a su compañero el cual deberá colocársela e ir a la zona del otro grupo perteneciente a su equipo. Así sucesivamente.

Variantes: Podemos utilizar otras prendas como un chaleco, una pantalón corto, etc. Asimismo también podemos hacer que se coloquen dos prendas elegidas por el equipo.

Observaciones:

Juegos de velocidad

Rodea y pilla

Tipo de juego: Cualidades físicas: Velocidad.

Edad recomendada: A partir de 8 años.

Objetivo: Desarrollar la colaboración.

Contenidos:
  Procedimentales: Ejecución de desplazamientos grupales con un mismo objetivo.
  Actitudinales: Favorecer la colaboración y el respeto.

Dificultad: Alta.   **Intensidad:** Alta.

Nº de jugadores: Más de 10 jugadores.

Material: Sin material.

Espacio: Polideportivo.

Descripción del juego:

Un grupo de 5 personas debe tratar de atrapar al resto de compañeros. Para pillar a un nuevo compañero deberán encerrarlo en un círculo formado por no menos de tres jugadores, aunque no vale a retener con las manos a los participantes. Una vez encerrado este compañero formará parte del grupo perseguidor. Ganará aquel que sea el último en ser pillado.

Variantes: Los jugadores que pillan están obligados a efectuar los desplazamientos cogidos de las manos.

Observaciones:

Juegos de velocidad

Que te piso

Tipo de Juego: Velocidad.

Edad recomendada: 12-14 años.

Objetivo: Conocer y desarrollar las capacidades física básicas como la Velocidad.

Contenidos:
   Conceptuales: Conocer los tipos de movimientos y las posibilidades de cada uno.
   Procedimentales: Mejorar el nivel de condición física a través de los diferentes juegos sobre las capacidades físicas básicas.
   Actitudinales: Valorar los efectos positivos que sobre la salud psicofísica tienen los trabajos de condición física.

Dificultad: Baja.   **Intensidad:** Media.   **Nº de jugadores:** Parejas.

Material: Ninguno.

Espacio: Pista polideportiva o gimnasio.

Descripción del juego:

Por parejas, cogidos ambos de los hombros y sin soltarse han de intentar pisar al compañero/a sin ser pisado.

Variantes: Se puede por tríos o grupos.

Observaciones: Representación gráfica:

Juegos de velocidad

Balón - Tiempo

Tipo de Juego: Velocidad.

Edad recomendada: 12-14 años.

Objetivo: Desarrollar la velocidad a través de distintos deportes.

Contenidos:
  Conceptuales: Conocer los distintas formas de trabajo de la velocidad.
  Procedimentales: Aplicar diferentes técnicas para la mejora de la velocidad.
  Actitudinales: Potenciar la cooperación entre compañeros/as y la camaradería entre componentes de diversos grupos.

Dificultad: Baja.   **Intensidad:** Media-alta.   **Nº de jugadores:** Por grupos.

Material: Balones de balonmano, conos.

Espacio: Pista polideportiva.

Descripción del juego:

Por grupos, de forma individual y a través de relevos han de realizar un pequeño circuito de conos en zig-zag y lanzar seguidamente desde el centro del campo para marcar gol en la portería, el que tira recoge el balón y lo pasa al compañero/a que realizará lo mismo. Gana el grupo que el tiempo prefijado de antemano marque más goles.

Variantes:

Se puede adaptar para distintos deportes.

Observaciones:

Juegos de velocidad

El intercambio

Tipo de Juego: Velocidad.

Edad recomendada: 12-14 años.

Objetivo: Mejorar la velocidad de desplazamiento.

Contenidos:
    Conceptuales: Conocer distintos tipos de velocidad.
    Procedimentales: Desarrollar los tipos de velocidad.
    Actitudinales: Tomar conciencia de tu propio esfuerzo personal.

Dificultad: Baja.   **Intensidad:** Baja.   **Nº de jugadores:** Dos grupos.

Material: Picas.

Espacio: Pista polideportiva o gimnasio.

Descripción del juego:

Dos grupos cada una formando una fila, enfrentados y cada componente con una pica. A la señal sueltan su pica y cogen la del compañero/a de enfrente sin que caigan las picas al suelo.

Variantes: Se puede realizar en pequeños grupos colocados en circulo.

Observaciones:

Juegos de velocidad

Balón - Exacto

Tipo de Juego: Velocidad.

Edad recomendada: 14-16 años.

Objetivo: Desarrollar la velocidad a través de distintos deportes.

Contenidos:
  Conceptuales: Conocer los distintas formas de trabajo de la velocidad.
  Procedimentales: Aplicar diferentes técnicas para la mejora de la velocidad.
  Actitudinales: Potenciar la cooperación entre compañeros/as y la camaradería entre componentes de diversos grupos.

Dificultad: Baja.   **Intensidad:** Media-alta.   **Nº de jugadores:** Por grupos.

Material: Balones de baloncesto, conos.

Espacio: Pista polideportiva.

Descripción del juego:

Por grupos, de forma individual y a través de relevos han de realizar un pequeño circuito de conos en zig-zag y lanzar seguidamente a canasta, el que tira recoge el balón y lo pasa al compañero/a que realizará lo mismo. Gana el grupo que en el menor tiempo consiga los puntos predeterminado con anterioridad.

Variantes:

Se puede adaptar para distintos deportes.

Observaciones:

Representación gráfica: